Bitki Protein Damak: Tempeh ve Seitan Yemek Kitabı

Sağlıklı ve Lezzetli Bitkisel Lokumlarla Öğünlerinizi Güzelleştirin

Emrah Özkan

© Copyright 2023 - Tüm hakları saklıdır.

Aşağıdaki Kitap, mümkün olduğu kadar doğru ve güvenilir bilgi sağlamak amacıyla aşağıda çoğaltılmıştır. Her ne olursa olsun, bu Kitabı satın almak, bu kitabın hem yayıncısının hem de yazarının burada tartışılan konularda hiçbir şekilde uzman olmadığına ve burada yapılan herhangi bir öneri veya önerinin yalnızca eğlence amaçlı olduğuna rıza olarak görülebilir. Burada onaylanan eylemlerden herhangi birini gerçekleştirmeden önce gerektiğinde uzmanlara danışılmalıdır.

Bu beyan, hem Amerikan Barolar Birliği hem de Yayıncılar Birliği Komitesi tarafından adil ve geçerli sayılır ve Amerika Birleşik Devletleri'nde yasal olarak bağlayıcıdır.

Ayrıca, belirli bilgiler dahil olmak üzere aşağıdaki çalışmalardan herhangi birinin iletilmesi, çoğaltılması veya çoğaltılması, elektronik ortamda veya basılı olarak yapılmasına bakılmaksızın yasa dışı bir eylem olarak kabul edilecektir. Bu, çalışmanın ikincil veya üçüncül bir kopyasını veya kayıtlı bir kopyasını oluşturmaya kadar uzanır ve yalnızca Yayıncının açık yazılı onayı ile izin verilir. Tüm ek haklar saklıdır.

Aşağıdaki sayfalardaki bilgiler, genel olarak gerçeklerin doğru ve doğru bir açıklaması olarak kabul edilir ve bu nedenle, söz konusu bilgilerin okuyucu tarafından herhangi bir dikkatsizliği, kullanımı veya kötüye kullanılması, sonuçta ortaya çıkan tüm eylemleri yalnızca kendi yetkileri kapsamında gerçekleştirecektir. Bu çalışmanın yayıncısının veya orijinal yazarının, burada açıklanan bilgileri üstlendikten sonra başlarına gelebilecek herhangi bir zorluk veya zarardan herhangi bir şekilde sorumlu tutulabileceği hiçbir senaryo yoktur.

Ayrıca, ilerleyen sayfalarda yer alan bilgiler yalnızca bilgilendirme amaçlıdır ve bu nedenle evrensel olarak düşünülmelidir. Doğasına uygun olarak, uzun süreli geçerliliği veya geçici kalitesi konusunda güvence verilmeksizin sunulmaktadır. Adı geçen ticari markalar, yazılı izin alınmadan yapılmıştır ve hiçbir şekilde ticari marka sahibinin onayı olarak kabul edilemez.

Özet

GİRİİŞ..7

1. İSTİRİDYE SOSLU FASULYE LORU....................9
2. KIZARMIŞ TOFU...11
3. ISPANAKLI FERMENTE FASULYE LORU..........13
4. HAŞLANMIŞ TOFU...15
5. FISTIK-SUSAM SOSLU ÇİN ERİŞTESİ................17
6. MANDALİNA ERİŞTESİ......................................20
7. FASULYE SOSLU VE ERİŞTELİ FASULYE LORU.....23
8. KARİDES DOLMASI TOFU.................................26
9. SZECHWAN SEBZELİ FASULYE LORU..............28
10. ÜÇ SEBZELİ KIZARMIŞ TOFU..........................30
11. DOMUZ ETİ DOLGULU TOFU ÜÇGENLERİ.....32
12. ŞURUPLU KIZILCIK KREPLERİ........................34
13. SOYA SIRLI TOFU..37
15. CIZIRTILI KAPARİ SOSLU ÇITIR TOFU............41
16. ALTIN SOSLU KÖY KIZARTMASI TOFU..........43
17. TURUNCU SIRLI TOFU VE KUŞKONMAZ........46
18. TOFU PIZZAIOLA..48
19. "KA-POW" TOFU...50
20. SİCİLYA USULÜ TOFU.....................................53
21. THAI-PHOON STIR-FRY....................................55
22. CHIPOTLE BOYALI FIRINDA TOFU..................58
23. DEMİRHİNDİ SIRLI IZGARA TOFU...................60
24. SU TERESİ İLE DOLDURULMUŞ TOFU............63
25. FISTIKLI-NARLI TOFU......................................66
26. BAHARAT ADASI TOFU....................................68

27. Narenciye-Hoisin Soslu Zencefilli Tofu 71
28. Limon otu ve kar bezelye ile tofu 74
29. Tahin Soslu Çift Susamlı Tofu 76
30. Tofu ve Edamame Güveç 78
31. Soy-Tan Rüya Pirzola 81
32. Benim Bir Tür Köfte 83
33. Çok Vanilyalı Fransız Tostu 85
34. Susam-Soya Kahvaltı Ezmesi 87
35. Aurora Soslu Radyatörler 89
36. Klasik Tofu Lazanya 92
37. Pazı ve Ispanaklı Lazanya 95
38. Kavrulmuş Sebze Lazanya 98
40. Lazanya Primavera 104
41. Siyah Fasulye ve Kabak Lazanyası 107
42. Pazı Dolması Manicotti 110
44. Lazanya Fırıldakları 116
45. Bezelyeli Kabak Mantısı 118
46. Enginar-Cevizli Mantı 121
47. Portakal Soslu Tortellini 124
48. Tofulu Sebze Lo Mein 127
49. Pad Thai 130
50. Tofu ile Sarhoş Spagetti 133

SICAKLIK 136

51. Carbonara Tarzı Spagetti 137
51. Tempeh ve Sebze Tavada Kızartma 140
52. Teriyaki Tempe 143
53. Mangalda Tempe 145
54. Portakal-Bourbon Tempeh 147
55. Tempeh ve Tatlı Patates 150
56. Creole Tempeh 153

57. LİMONLU VE KAPARİLİ TEMPE..................................156
58. AKÇAAĞAÇ VE BALZAMİK SIRLI TEMPEH..................159
59. CAZİP TEMPEH CHİLİ..161
60. TEMPEH CACCİATORE..163
61. HİNDİSTAN CEVİZİ SOSLU ENDONEZYA TEMPEH........165
62. ZENCEFİL-FISTIK TEMPEH.......................................167
63. PATATES VE LAHANA İLE TEMPE.............................169
64. GÜNEY SUCCOTASH YAHNİSİ..................................172
65. FIRINDA JAMBALAYA GÜVEÇ..................................175
66. TEMPEH VE TATLI PATATES TURTASI.......................178
67. PATLICAN VE TEMPE DOLDURULMUŞ MAKARNA........181
68. TEMPEH İLE SİNGAPUR ERİŞTESİ............................184
69. PASTIRMA TEMPE..187
70. SPAGETTİ VE T-TOPLARI.......................................189
71. BEZELYELİ PAGLİA E FİENO...................................192

SEIT AÇIK..194

72. TEMEL KAYNATILMIŞ SEİTAN..................................195
73. FIRINDA DOLDURULMUŞ SEİTAN ROA ST..................198
74. SEİTAN KIZARTMA...201
75. NEREDEYSE TEK TABAK ŞÜKRAN GÜNÜ YEMEĞİ........204
76. PANKO VE LİMONLU SEİTAN MİLANESE....................207
77. SUSAMLI SEİTAN...209
78. ENGİNAR VE ZEYTİNLİ SEİTAN................................211
79. HAMSİ-CHİPOTLE SOSLU SEİTAN.............................213
80. SEİTAN PİCCATA..215
81. ÜÇ ÇEKİRDEKLİ SEİTAN..217
82. SINIR TANIMAYAN FAJİTALAR.................................219
83. YEŞİL ELMA RELİSH İLE SEİTAN..............................221
84. SEİTAN VE BROKOLİ-SHİİTAKE STİR-FRY..................223
85. ŞEFTALİ SEİTAN BROŞETLERİ.................................226

86. Izgara Seitan ve Sebze Kebapları 229
87. Seitan En Croute 232
88. Seitan ve Patatesli Torta 235
89. Rustik Yazlık Turta 238
90. Ispanaklı ve Domatesli Seitan 240
91. Seitan ve Taraklı Patates 242
92. Kore Eriştesi Stir-Fry 245
93. Pislik Baharatlı Kırmızı Fasulye Biber 248
94. Sonbahar Karışık Güveç 251
95. Seitanlı İtalyan Pilavı 254
96. İki Patates Ezmesi 256
97. Ekşi Kremalı Seitan Enchiladas 258
98. Vegan seitan rosto dolması 262
100. Küba Seitan Sandviç 265

ÇÖZÜM 268

GİRİİŞ

"Bitki Protein Damak: Tempeh ve Seitan Yemek Kitabı"na hoş geldiniz. Bu mutfak yolculuğu, iki lezzetli ve çok yönlü içeriğe odaklanarak bitki bazlı proteinin harikalarını kutluyor: tempeh ve seitan. İster tecrübeli bir vegan olun, ister sadece diyetinize daha fazla bitki bazlı seçenek dahil etmek isteyin, bu yemek kitabı, damak zevkinizi tatmin edecek ve vücudunuzu besleyecek çok çeşitli tarifler sunar.

Tempeh ve seitan, her yemeği yücelten benzersiz dokular ve tatlar sunarken temel besinleri sağlayan mükemmel protein kaynaklarıdır. Fermente soya fasulyesinden yapılan Tempeh, fındıksı bir tat ve sert bir dokuya sahipken, buğday glüteninden elde edilen seitan, doyurucu ve et benzeri bir kıvam sunar. Her iki malzeme de inanılmaz derecede çok yönlüdür ve çeşitli mutfak olasılıklarını keşfetmenize ve kahvaltı, öğle yemeği, akşam yemeği ve aradaki her şey için ağız sulandıran yemekler oluşturmanıza olanak tanır.

"Bitki-Protein Damak" bölümünde, tempeh ve seitan dünyasına dalarak, çok çeşitli tariflerde parlama potansiyellerinin kilidini açacağız. Rahatlatıcı güveçler ve tavada kızartmalardan lezzetli soslara ve lezzetli ızgaralara kadar, bu bitki bazlı lezzetler mutfağınızın vazgeçilmezi olacak.

Öyleyse, bitki proteininin gücünü ve bilinçli ve şefkatli yemek pişirmenin zevkini kutlayarak bu lezzetli maceraya başlayalım!

1. İstiridye Soslu Fasulye Loru

- 8 ons soya peyniri
- 4 ons taze mantar 6 yeşil soğan
- 3 sap kereviz
- kırmızı veya yeşil biber
- yemek kaşığı bitkisel yağ 1/2 su bardağı su
- yemek kaşığı mısır nişastası
- yemek kaşığı istiridye sosu 4 çay kaşığı kuru şeri
- 4 çay kaşığı soya sosu

Fasulye loru 1/2 inçlik küpler halinde kesin. Mantarları temizleyin ve dilimler halinde kesin. Soğanları 1 inçlik parçalar halinde kesin. Kerevizi 1/2 inç diyagonal dilimler halinde kesin. Biberden tohumları çıkarın ve biberi 1/2 inçlik parçalar halinde kesin.

1 çorba kaşığı yağı yüksek ateşte bir wok içinde ısıtın. Fasulye loru yağda hafifçe karıştırarak, açık kahverengi olana kadar 3 dakika pişirin. Tavadan çıkarın.

Wok'ta kalan 1 çorba kaşığı yağı yüksek ateşte ısıtın. Mantar, soğan, kereviz ve biberi ekleyin, 1 dakika karıştırarak kızartın.

Soya peyniri wok'a geri koyun. Birleştirmek için hafifçe atın. Su, mısır nişastası, istiridye sosu, şeri ve soya sosu karıştırın. Wok'taki karışımın üzerine dökün. ördek pişirmek

sıvı kaynayana kadar karıştırın. Pişirin ve 1 dakika daha karıştırın.

2. Kızarmış Tofu

- 1 blok sert tofu
- ¼ su bardağı mısır nişastası
- Kızartmak için 4-5 su bardağı sıvı yağ

Tofuyu boşaltın ve küpler halinde kesin. Mısır nişastası ile kaplayın.

Önceden ısıtılmış bir wok'a yağ ekleyin ve 350 ° F'ye ısıtın. Yağ sıcakken, tofu karelerini ekleyin ve altın rengine dönene kadar kızartın. Kağıt havluların üzerine boşaltın.

2¾ bardak verir

Bu lezzetli ve besleyici shake, ideal bir kahvaltı veya ikindi atıştırmalığıdır. Ekstra lezzet için mevsim meyveleri ekleyin.

3. Ispanaklı Fermente Fasulye Loru

- 5 su bardağı ıspanak yaprağı
- 4 küp fermente soya peyniri, acı biber ile
- Bir tutam beş baharat tozu (⅛çay kaşığından az)
- Kızartmak için 2 yemek kaşığı sıvı yağ
- 2 diş sarımsak, kıyılmış

Ispanağı yapraklarını kısa süre kaynayan suya atarak haşlayın. İyice boşaltın.

Fermente tofu küplerini ezin ve beş baharat tozuyla karıştırın.

Önceden ısıtılmış bir wok veya tavaya yağ ekleyin. Yağ kızınca sarımsağı ilave edin ve kokusu çıkana kadar kısa bir süre karıştırarak kavurun. Ispanağı ekleyin ve 1-2 dakika karıştırarak kızartın. Wok'un ortasına ezilmiş soya peyniri ekleyin ve ıspanakla karıştırın. Üzerini kızartıp sıcak servis yapın.

4. haşlanmış tofu

- 1 pound sığır eti
- 4 adet kurutulmuş mantar
- 8 ons preslenmiş tofu
- 1 su bardağı hafif soya sosu
- ¼ fincan koyu soya sosu
- ¼ fincan Çin Pirinç şarabı veya sek şeri
- Kızartmak için 2 yemek kaşığı sıvı yağ
- 2 dilim zencefil
- 2 diş sarımsak, kıyılmış
- 2 bardak su
- 1 yıldız anason

Sığır eti ince dilimler halinde kesin. Kurutulmuş mantarları yumuşaması için en az 20 dakika sıcak suda bekletin. Fazla suyu çıkarmak için hafifçe sıkın ve dilimleyin.

Tofuyu ½ inçlik küpler halinde kesin. Hafif soya sosu, koyu soya sosu, Konjac pirinç şarabı, beyaz ve kahverengiyi birleştirin ve bir kenara koyun.

Önceden ısıtılmış bir wok veya tavaya yağ ekleyin. Yağ kızınca zencefil dilimlerini ve sarımsağı ekleyin ve aroması çıkana kadar kısa bir süre karıştırarak kavurun. Sığır eti ekleyin ve kızarana kadar pişirin. Sığır eti pişirmeyi bitirmeden önce tofu küplerini ekleyin ve kısaca kızartın.

Salçayı ve 2 su bardağı suyu ekleyin. Yıldız anasonu ekleyin. Bir kaynamaya getirin, ardından ısıyı azaltın ve pişirin. 1 saat sonra kuru mantarları ekleyin. 30 dakika daha veya sıvı azalana kadar pişirin. İstenirse, servis yapmadan önce yıldız anasonu çıkarın.

5. Fıstık-Susam Soslu Çin Eriştesi

- 1 pound Çin usulü erişte
- 2 yemek kaşığı. koyu susam yağı

PANSUMAN:
- 6 yemek kaşığı fıstık ezmesi 1/4 su bardağı su
- 3 yemek kaşığı hafif soya sosu 6 yemek kaşığı. koyu soya sosu
- 6 yemek kaşığı tahin (susam ezmesi)
- 1/2 su bardağı koyu susam yağı 2 yemek kaşığı. ispanyol şarabı
- 4 çay kaşığı Pirinç şarabı sirkesi 1/4 su bardağı bal
- 4 orta boy diş sarımsak, kıyılmış
- 2 çay kaşığı kıyılmış taze zencefil
- 2-3 yemek kaşığı. acı biber yağı (veya kendi beğeninize göre) 1/2 su bardağı sıcak su

Orta ateşte bir tencerede sıcak kırmızı pul biber ve yağı birleştirin. Bir kaynamaya getirin ve ısıyı hemen kapatın. Biraz havalı. Kapatılabilen küçük bir cam kapta süzün. soğutun.

GARNİTÜR:
- 1 havuç, soyulmuş
- 1/2 sert orta boy salatalık, soyulmuş, çekirdekleri çıkarılmış ve jülyen doğranmış 1/2 su bardağı kavrulmuş yer fıstığı, iri kıyılmış
- 2 yeşil soğan, ince dilimlenmiş

Orta ateşte büyük bir tencerede kaynayan suda erişteleri pişirin. Zar zor yumuşayana ve hala sert olana kadar pişirin. Hemen boşaltın ve soğuyuncaya kadar soğuk suyla durulayın. İyice süzün ve erişteleri (2 yemek kaşığı) koyu susam yağıyla karıştırın ki birbirine yapışmasınlar.

SOSU İÇİN: sıcak su hariç tüm malzemeleri bir karıştırıcıda birleştirin ve pürüzsüz olana kadar karıştırın. Sıcak su ile krem şanti kıvamına gelene kadar inceltin.

Garnitür için havucun etini yaklaşık 4 "uzunluğunda kısa talaşlar halinde soyun. Kıvrılması için 30 dakika buzlu suya koyun. Servis yapmadan hemen önce erişteleri sosla atın. Salatalık, yer fıstığı, yeşil soğan ve havuç bukleleri ile süsleyin. Soğuk veya oda sıcaklığında servis yapın.

6. **mandalina eriştesi**

- kurutulmuş Çin mantarı
- 1/2 pound taze Çin eriştesi 1/4 fincan fıstık yağı
- yemek kaşığı kuru üzüm sosu 1 yemek kaşığı fasulye sosu
- yemek kaşığı Pirinç şarabı veya sek şeri 3 yemek kaşığı hafif soya sosu
- veya tatlım
- 1/2 su bardağı ayrılmış mantar ıslatma sıvısı 1 çay kaşığı biber salçası
- 1 yemek kaşığı mısır nişastası
- 1/2 kırmızı dolmalık biber - 1/2 inçlik küpler halinde
- 1/2 8 ons kutu bütün bambu filizleri, 1/2 inç küpler halinde kesilmiş, durulanmış ve süzülmüş 2 su bardağı fasulye filizi
- yeşil soğan - ince dilimlenmiş

Çin mantarlarını 1 1/4 bardak sıcak suda 30 dakika bekletin. Onlar ıslanırken 4 litre suyu kaynatın ve erişteleri 3 dakika pişirin. 1 yemek kaşığı yer fıstığı yağı ile süzün ve atın; kenara koymak

mantarları çıkarın; ıslatma sıvısının 1/2 su bardağını süzün ve sos için ayırın. Mantar saplarını adımlayın ve atın; kapakları kabaca doğrayın ve bir kenara koyun.

Sos için malzemeleri küçük bir kapta birleştirin; kenara koymak Mısır nişastasını 2 yemek kaşığı soğuk suda eritin; kenara koymak

Wok'u orta-yüksek ısıya yerleştirin. Tüketmeye başlayınca kalan 3 yemek kaşığı fıstık yağını, ardından mantarları, kırmızı biberi, bambu filizlerini ve fasulye filizlerini ekleyin. 2 dakika karıştırarak kızartın.

Sosu karıştırın ve wok'a ekleyin ve karışım yaklaşık 30 saniye kaynamaya başlayana kadar karıştırarak kızartmaya devam edin.

Çözünmüş mısır nişastasını karıştırın ve wok'a ekleyin. Sos yaklaşık 1 dakika kalınlaşana kadar karıştırmaya devam edin. Erişteleri ekleyin ve ısıtılana kadar yaklaşık 2 dakika fırlatın.

Servis tabağına aktarın ve üzerine dilimlenmiş taze soğan serpin. Hemen servis yapın

7. **Fasulye Soslu ve Erişteli Fasulye Loru**

- 8 ons taze Pekin usulü erişte
- 1 12 ons blok firma tofu
- 3 büyük sap Çin lahanası VE 2 yeşil soğan
- ⅓ fincan koyu soya sosu
- 2 yemek kaşığı siyah fasulye sosu
- 2 çay kaşığı Çin Pirinç şarabı veya kuru şeri
- 2 çay kaşığı siyah pirinç sirkesi
- ¼ çay kaşığı tuz
- ¼ çay kaşığı sarımsaklı biber salçası
- 1 çay kaşığı Acı Biber Yağı (sayfa 23)
- ¼ çay kaşığı susam yağı
- ½ su bardağı su
- Kızartmak için 2 yemek kaşığı sıvı yağ
- 2 dilim zencefil, kıyılmış
- 2 diş sarımsak, kıyılmış
- ¼ kırmızı soğan, doğranmış

Makarnaları kaynayan suda yumuşayana kadar haşlayın. İyice boşaltın. Tofuyu boşaltın ve küpler halinde kesin. Bok choy'u kaynar suya kısaca daldırarak ve iyice süzerek kaynatın. Sapları ve yaprakları ayırın. Yeşil soğanları çapraz olarak 1 inçlik dilimler halinde kesin. Koyu soya sosu, siyah fasulye sosu, Konjac pirinç şarabı, siyah Pirinç sirkesi, tuz, biber salçasını sarımsak, Acı Biber Yağı, susam yağı ve suyla birleştirin. Kenara koyun.

Önceden ısıtılmış bir wok veya tavaya yağ ekleyin. Yağ sıcakken zencefil, sarımsak ve yeşil soğanı ekleyin. Aromatik olana kadar kısaca karıştırın. Kırmızı soğanı ekleyin ve kısa süre karıştırarak kavurun. Yanlara doğru itin ve Çin lahanası saplarını ekleyin. Yaprakları ekleyin ve Çin lahanası parlak yeşil ve soğan yumuşayana kadar karıştırarak kızartın. İstenirse, ¼ çay kaşığı tuz ekleyin

Wok'un ortasına sosu ekleyin ve kaynatın. Tofuyu ekleyin. Tofunun sosu emmesi için birkaç dakika pişirin. Erişte ekleyin. Her şeyi karıştırın ve sıcak servis yapın.

8. Karides Dolması Tofu

- ½ pound sert tofu
- 2 ons pişmiş karides, soyulmuş ve kabuğu çıkarılmış
- ⅛ Çay kaşığı tuz
- Biber iki anahtar
- ¼ çay kaşığı mısır nişastası
- ½ su bardağı tavuk suyu
- ½ çay kaşığı Çin Pirinç şarabı veya kuru şeri
- ¼ bardak su
- 2 yemek kaşığı istiridye sosu
- Kızartmak için 2 yemek kaşığı sıvı yağ
- 1 yeşil soğan, 1 inçlik parçalar halinde kesin

Tofuyu boşaltın. Karidesleri yıkayın ve kağıt havlularla kurulayın. Karidesleri tuz, karabiber ve mısır nişastasında 15 dakika marine edin.

Satırı kesme tahtasına paralel tutarak tofuyu uzunlamasına ikiye bölün. Her bir yarıyı 2 üçgene kesin, ardından her üçgeni 2 üçgen daha kesin. Şimdi 8 üçgeniniz olmalı.

Tofunun bir tarafında uzunlamasına bir yarık kesin. Yarığa ¼–½ çay kaşığı karides doldurun.

Önceden ısıtılmış bir wok veya tavaya yağ ekleyin. Yağ sıcak olduğunda, tofu ekleyin. Tofuyu yaklaşık 3-4 dakika kahverengileştirin, en az bir kez çevirin ve wokun dibine yapışmadığından emin olun. Artan karidesiniz varsa, pişirmenin son dakikasında ekleyin.

Wok'un ortasına tavuk suyu, Konjac pirinç şarabı, su ve istiridye sosu ekleyin. kaynatın. Isıyı azaltın, örtün ve 5-6 dakika pişirin. Yeşil soğanı karıştırın. Sıcak servis yapın.

9. **Szechwan Sebzeli Fasulye Loru**

- 7 ons (2 blok) preslenmiş soya peyniri
- ¼ fincan korunmuş Szechwan sebzesi
- ½ su bardağı tavuk suyu veya et suyu
- 1 çay kaşığı Çin Pirinç şarabı veya kuru şeri
- ½ çay kaşığı soya sosu
- Kızartmak için 4-5 su bardağı sıvı yağ

Önceden ısıtılmış bir wok içinde en az 4 bardak yağı 350 ° F'ye ısıtın. Yağın ısınmasını beklerken, preslenmiş soya lorunu 1 inçlik küpler halinde kesin. Szechwan sebzesini küpler halinde doğrayın. Tavuk suyunu ve pirinç şarabını birleştirin ve bir kenara koyun.

Yağ kızdığında, soya peyniri küplerini ekleyin ve açık kahverengi olana kadar kızartın. Oluklu bir kaşıkla wok'tan çıkarın ve bir kenara koyun.

Wok'tan 2 yemek kaşığı yağ hariç hepsini çıkarın. Korunmuş Szechwan sebzesini ekleyin. 1-2 dakika karıştırarak kızartın, ardından wok tavasının kenarına doğru itin. Wok'un ortasına tavuk suyu karışımını ekleyin ve kaynatın. Soya sosuyla karıştırın. Preslenmiş fasulye ezmesini ekleyin. Her şeyi birlikte karıştırın, birkaç dakika pişirin ve sıcak servis yapın.

10. Üç Sebzeli Kızarmış Tofu

- 4 adet kurutulmuş mantar
- ¼ fincan ayrılmış mantar ıslatma sıvısı
- ⅔ bir bardak taze mantar
- ½ su bardağı tavuk suyu
- 1½ yemek kaşığı istiridye sosu
- 1 çay kaşığı Çin Pirinç şarabı veya kuru şeri
- Kızartmak için 2 yemek kaşığı sıvı yağ
- 1 diş sarımsak, kıyılmış
- 1 su bardağı bebek havuç, ikiye bölünmüş
- 4 çay kaşığı su ile karıştırılmış 2 çay kaşığı mısır nişastası
- ¾ pound preslenmiş tofu, ½ inçlik küpler halinde kesin

Kurutulmuş mantarları en az 20 dakika sıcak suda bekletin. Islatma sıvısının ¼ fincanını ayırın. Kurutulmuş ve taze mantarları dilimleyin.

Ayrılmış mantar sıvısını, tavuk suyunu, istiridye sosu ve Konjac pirinç şarabını birleştirin. Kenara koyun.

Önceden ısıtılmış bir wok veya tavaya yağ ekleyin. Yağ kızınca sarımsağı ilave edin ve kokusu çıkana kadar kısa bir süre karıştırarak kavurun. Havuçları ekleyin. 1 dakika karıştırarak kavurduktan sonra mantarları ekleyin ve karıştırarak kavurun.

Sosu ekleyin ve kaynatın. Mısır nişastası ve su karışımını karıştırın ve sosa ekleyin, koyulaşması için hızlıca karıştırın.

Tofu küplerini ekleyin. Her şeyi birlikte karıştırın, ısıyı azaltın ve 5-6 dakika pişirin. Sıcak servis yapın.

11. Domuz Eti Dolgulu Tofu Üçgenleri

- ½ pound sert tofu
- ¼ pound öğütülmüş domuz eti
- ⅛ Çay kaşığı tuz
- Biber iki anahtar
- ½ çay kaşığı Çin Pirinç şarabı veya kuru şeri
- ½ su bardağı tavuk suyu
- ¼ bardak su
- 2 yemek kaşığı istiridye sosu
- Kızartmak için 2 yemek kaşığı sıvı yağ
- 1 yeşil soğan, 1 inçlik parçalar halinde kesin

Tofuyu boşaltın. Öğütülmüş domuz etini orta boy bir kaseye koyun. Tuz, karabiber ve Konjac pirinç şarabı ekleyin. Domuz etini 15 dakika marine edin.

Satırı kesme tahtasına paralel tutarak tofuyu uzunlamasına ikiye bölün. Her bir yarıyı 2 üçgene kesin, ardından her üçgeni 2 üçgen daha kesin. Şimdi 8 üçgeniniz olmalı.

Her tofu üçgeninin kenarlarından biri boyunca uzunlamasına bir yarık kesin. Yuvaya ¼ çay kaşığı öğütülmüş domuz etini doldurun.

Önceden ısıtılmış bir wok veya tavaya yağ ekleyin. Yağ sıcak olduğunda, tofu ekleyin. Artık domuz kıymanız varsa, onu da ekleyin. Tofuyu yaklaşık 3-4 dakika kahverengileştirin, en az bir kez çevirin ve wokun dibine yapışmadığından emin olun.

Wok'un ortasına tavuk suyu, su ve istiridye sosu ekleyin. kaynatın. Isıyı azaltın, örtün ve 5-6 dakika pişirin. Yeşil soğanı karıştırın. Sıcak servis yapın.

12. Şuruplu Kızılcık Krepleri

4 ila 6 porsiyon yapar

1 su bardağı kaynar su
$1/2$ su bardağı şekerli kurutulmuş kızılcık
$1/2$ su bardağı akçaağaç şurubu
$1/4$ su bardağı taze portakal suyu
$1/4$ bardak doğranmış portakal
1 yemek kaşığı bitkisel margarin
$1\ 1/2$ su bardağı çok amaçlı un
1 yemek kaşığı şeker
1 yemek kaşığı kabartma tozu
$1/2$ çay kaşığı tuz
$1/2$ su bardağı soya sütü
$1/4$ su bardağı yumuşak ipek tofu, süzülmüş
1 yemek kaşığı kanola veya üzüm çekirdeği yağı, ayrıca kızartmak için biraz daha

Isıya dayanıklı bir kapta, kaynayan suyu kızılcıkların üzerine dökün ve yumuşaması için yaklaşık 10 dakika bekletin. İyice süzün ve bir kenara koyun.

Küçük bir tencerede akçaağaç şurubu, portakal suyu, portakal ve margarini birleştirin ve margarini eritmek için kısık ateşte ısıtın. Sıcak tutun. Fırını 225 ° F'ye önceden ısıtın.

Büyük bir kapta un, şeker, kabartma tozu ve tuzu birleştirin ve bir kenara koyun.

Bir mutfak robotu veya karıştırıcıda soya sütü, tofu ve yağı iyice karışana kadar birleştirin.

Islak malzemeleri kuru malzemelere dökün ve birkaç hızlı vuruşla karıştırın. Yumuşatılmış kızılcıkları katlayın.

Bir ızgara veya büyük tavada, orta-yüksek ateşte ince bir yağ tabakasını ısıtın. Kepçe $1/4$ fincan ila $1/3$ fincan

Hamuru sıcak kalburun üzerine alın. Üstte küçük kabarcıklar görünene kadar 2 ila 3 dakika pişirin. Gözlemeyi çevirin ve ikinci tarafı kızarana kadar yaklaşık 2 dakika daha pişirin. Pişen pankekleri ısıya dayanıklı bir tabağa alın ve kalanını pişirirken fırında sıcak tutun. Portakal-akçaağaç şurubu ile servis yapın.

13. Soya Sırlı Tofu

4 porsiyon yapar

- 1 pound ekstra sert tofu, süzülmüş, $1/2$ inçlik dilimler halinde kesilmiş ve preslenmiş
- $1/4$ su bardağı kızarmış susam yağı
- $1/4$ bardak pirinç sirkesi
- 2 çay kaşığı şeker

Tofuyu kurulayın ve 9 x 13 inçlik bir fırın tepsisine yerleştirin ve bir kenara koyun.

Küçük bir tencerede soya sosu, yağ, sirke ve şekeri birleştirin ve kaynatın. Sıcak turşuyu tofunun üzerine dökün ve bir kez çevirerek 30 dakika marine olması için bir kenara koyun.

Fırını 350 ° F'ye ısıtın. Tofuyu 30 dakika pişirin ve yaklaşık yarısında bir kez çevirin. Hemen servis yapın veya oda sıcaklığına soğumaya bırakın, ardından üzerini örtün ve gerekene kadar buzdolabında saklayın.

14. Cajun Tarzı Tofu

4 porsiyon yapar

- 1 pound ekstra sert tofu, süzülmüş ve kurumuş
- Tuz
- 1 yemek kaşığı artı 1 çay kaşığı Cajun baharatı
- 2 yemek kaşığı zeytinyağı
- $^1/_4$ su bardağı kıyılmış yeşil dolmalık biber
- 1 yemek kaşığı kıyılmış kereviz
- 2 yemek kaşığı kıyılmış yeşil soğan
- 2 diş sarımsak, kıyılmış
- 1 (14,5 ons) doğranmış domates, süzülmüş olabilir
- 1 yemek kaşığı soya sosu
- 1 yemek kaşığı kıyılmış taze maydanoz

Tofuyu $^1/_2$ inç kalınlığında dilimler halinde kesin ve her iki tarafını tuz ve 1 çorba kaşığı Cajun çeşnisiyle serpin. Kenara koyun.

Küçük bir tencerede, 1 çorba kaşığı yağı orta ateşte ısıtın. Dolmalık biber ve kereviz ekleyin. Örtün ve 5 dakika pişirin. Yeşil soğanı ve sarımsağı ekleyin ve üstü açık olarak 1 dakika daha pişirin. Domates, soya sosu, maydanoz, kalan 1 çay kaşığı Cajun baharatı karışımı ve tuzu tatlandırın. Lezzetlerin karışması için 10 dakika pişirin ve bir kenara koyun.

Büyük bir tavada kalan 1 yemek kaşığı yağı orta-yüksek ateşte ısıtın. Tofuyu ekleyin ve her iki tarafı da kızarana kadar yaklaşık 10 dakika pişirin. Sosu ekleyin ve 5 dakika pişirin. Hemen servis yapın.

15. Cızırtılı Kapari Soslu Çıtır Tofu

4 porsiyon yapar

- 1 pound ekstra sert tofu, süzülmüş, $1/4$ inçlik dilimler halinde kesilmiş ve preslenmiş
- Tuz ve taze çekilmiş karabiber
- 2 yemek kaşığı zeytinyağı, artı gerekirse daha fazlası
- 1 orta arpacık, kıyılmış
- 2 yemek kaşığı kapari
- 3 yemek kaşığı kıyılmış taze maydanoz
- 2 yemek kaşığı bitkisel margarin
- 1 limon suyu

Fırını 275 ° F'ye önceden ısıtın. Tofuyu kurulayın ve tadına bakmak için tuz ve karabiber ekleyin. Mısır nişastasını sığ bir kaseye koyun. Tofuyu mısır nişastasına batırın, her tarafı kaplayın.

Büyük bir tavada, 2 yemek kaşığı yağı orta ateşte ısıtın. Tofuyu gerekirse partiler halinde ekleyin ve her iki tarafı da yaklaşık 4 dakika altın rengi kahverengi olana kadar pişirin. Kızarmış tofuyu ısıya dayanıklı bir tabağa aktarın ve fırında sıcak tutun.

Aynı tavada kalan 1 çorba kaşığı yağı orta ateşte ısıtın. Arpacık ekleyin ve yaklaşık 3 dakika yumuşayana kadar pişirin. Kapari ve maydanozu ekleyin ve 30 saniye pişirin, ardından margarini, limon suyunu ve tadına bakmak için tuz ve karabiberi ekleyip karıştırarak eritin ve margarini ekleyin. Tofunun üzerine kapari sosu dökün ve hemen servis yapın.

16. Altın Soslu Köy Kızartması Tofu

4 porsiyon yapar

- 1 pound ekstra sert tofu, süzülmüş, $1/2$ inçlik dilimler halinde kesilmiş ve preslenmiş
- Tuz ve taze çekilmiş karabiber
- $1/3$ su bardağı mısır nişastası
- 2 yemek kaşığı zeytinyağı
- 1 orta boy tatlı sarı soğan, doğranmış
- 2 yemek kaşığı çok amaçlı un
- 1 çay kaşığı kuru kekik
- $1/8$ çay kaşığı zerdeçal
- 1 su bardağı sebze suyu, ev yapımı (bkz. Hafif Sebze Suyu) veya mağazadan satın alınmış
- 1 yemek kaşığı soya sosu
- 1 su bardağı pişmiş veya konserve nohut, süzülmüş ve durulanmış
- Garnitür için 2 yemek kaşığı kıyılmış taze maydanoz

Tofuyu kurulayın ve tadına bakmak için tuz ve karabiber ekleyin. Mısır nişastasını sığ bir kaseye koyun. Tofuyu mısır nişastasına batırın, her tarafı kaplayın. Fırını 250 ° F'ye önceden ısıtın.

Büyük bir tavada, 2 yemek kaşığı yağı orta ateşte ısıtın. Tofuyu gerekirse partiler halinde ekleyin ve her iki tarafı da yaklaşık 10 dakika altın rengi kahverengi olana kadar pişirin. Kızarmış tofuyu ısıya dayanıklı bir tabağa aktarın ve fırında sıcak tutun.

Aynı tavada kalan 1 çorba kaşığı yağı orta ateşte ısıtın. Soğanı ekleyin, örtün ve yumuşayana kadar 5 dakika pişirin. Ortaya çıkarın ve ısıyı düşük seviyeye indirin. Un, kekik ve zerdeçal ilave edin ve sürekli karıştırarak 1 dakika pişirin. Et suyunu, ardından soya sütünü ve soya sosunu yavaşça çırpın. Nohutları ekleyin ve tatmak için tuz ve karabiber ekleyin. Sık sık karıştırarak 2 dakika pişirmeye devam edin. Bir karıştırıcıya aktarın ve pürüzsüz ve kremsi olana kadar işleyin. Tencereye dönün ve sıcak olana kadar ısıtın, sos çok kalınsa biraz daha et suyu ekleyin. Sosu tofunun üzerine dökün ve maydanoz serpin. Hemen servis yapın.

17. Turuncu Sırlı Tofu ve Kuşkonmaz

4 porsiyon yapar

- 2 yemek kaşığı mirin
- 1 yemek kaşığı mısır nişastası
- 1 (16 ons) paket ekstra sert tofu, süzülmüş ve $1/4$ inçlik şeritler halinde kesilmiş
- 2 yemek kaşığı soya sosu
- 1 çay kaşığı kızarmış susam yağı
- 1 çay kaşığı şeker
- $1/4$ çay kaşığı Asya biber salçası
- 2 yemek kaşığı kanola veya üzüm çekirdeği yağı
- 1 diş sarımsak, kıyılmış
- $1/2$ çay kaşığı kıyılmış taze zencefil
- 5 ons ince kuşkonmaz, sert uçları kırpılmış ve $1\,1/2$ inçlik parçalar halinde kesilmiş

Sığ bir kapta mirin ve mısır nişastasını birleştirin ve iyice karıştırın. Tofu ekleyin ve kaplamak için hafifçe atın. 30 dakika marine olması için kenara alın.

Küçük bir kapta portakal suyu, soya sosu, susam yağı, şeker ve biber salçasını birleştirin. Kenara koyun.

Büyük bir tavada veya wok'ta kanola yağını orta ateşte ısıtın. Sarımsak ve zencefili ekleyin ve kokulu olana kadar yaklaşık 30 saniye karıştırarak kızartın. Marine edilmiş tofu ve kuşkonmazı ekleyin ve tofu altın rengi kahverengi olana ve kuşkonmaz yumuşayana kadar yaklaşık 5 dakika karıştırarak kızartın. Sosu ilave edin ve yaklaşık 2 dakika daha pişirin. Hemen servis yapın.

18. Tofu Pizzaiola

4 porsiyon yapar

- 2 yemek kaşığı zeytinyağı
- 1 (16 ons) paket ekstra sert tofu, süzülmüş, $1/2$ inçlik dilimler halinde kesilmiş ve preslenmiş (bkz. Hafif Sebze Suyu)
- Tuz
- 3 diş sarımsak, kıyılmış
- 1 (14,5 ons) doğranmış domates, süzülmüş olabilir
- $1/4$ su bardağı yağla doldurulmuş güneşte kurutulmuş domates, $1/4$ inçlik şeritler halinde kesilmiş
- 1 yemek kaşığı kapari
- 1 çay kaşığı kurutulmuş kekik
- $1/2$ çay kaşığı şeker
- Taze çekilmiş karabiber
- Garnitür için 2 yemek kaşığı kıyılmış taze maydanoz

Fırını 275 ° F'ye önceden ısıtın. Büyük bir tavada, 1 çorba kaşığı yağı orta ateşte ısıtın. Tofuyu ekleyin ve her iki tarafı da altın rengi kahverengi olana kadar bir kez çevirerek, her tarafı yaklaşık 5 dakika pişirin. Tatmak için tofuya tuz serpin. Kızarmış tofuyu ısıya dayanıklı bir tabağa aktarın ve fırında sıcak tutun.

Aynı tavada kalan 1 yemek kaşığı yağı orta ateşte ısıtın. Sarımsağı ekleyin ve yaklaşık 1 dakika yumuşayana kadar pişirin. Kahverengi yapmayın. Doğranmış domatesleri, güneşte kurutulmuş domatesleri, zeytinleri ve kaparileri ilave edin. Tatmak için kekik, şeker ve tuz ve karabiber ekleyin. Sos sıcak olana ve tatlar iyice birleşene kadar yaklaşık 10 dakika pişirin. Kızarmış tofu dilimlerini sosla doldurun ve maydanoz serpin. Hemen servis yapın.

19. "Ka-Pow" Tofu

4 porsiyon yapar

- 1 pound ekstra sert tofu, süzülmüş, kurumuş ve 1 inçlik küpler halinde kesilmiş
- Tuz
- 2 yemek kaşığı mısır nişastası
- 2 yemek kaşığı soya sosu
- 1 yemek kaşığı vejetaryen istiridye sosu
- 2 çay kaşığı Nothin' Fishy Nam Pla veya 1 çay kaşığı pirinç sirkesi
- 1 çay kaşığı açık kahverengi şeker
- $1/2$ çay kaşığı ezilmiş kırmızı biber
- 2 yemek kaşığı kanola veya üzüm çekirdeği yağı
- $1/2$ inçlik dilimler halinde kesilmiş
- $1/4$ inçlik dilimler halinde kesin
- doğranmış yeşil soğan
- $1/2$ fincan Tay fesleğen yaprağı

Orta boy bir kapta tofu, tadına göre tuz ve mısır nişastasını birleştirin. Kaplamak için atın ve bir kenara koyun.

Küçük bir kapta soya sosu, istiridye sosu, nam pla, şeker ve ezilmiş kırmızı biberi birleştirin. Birleştirmek ve kenara koymak için iyice karıştırın.

Büyük bir tavada, 1 çorba kaşığı yağı orta-yüksek ateşte ısıtın. Tofu ekleyin ve altın rengi kahverengi olana kadar yaklaşık 8 dakika pişirin. Tavadan çıkarın ve bir kenara koyun.

Aynı tavada kalan 1 yemek kaşığı yağı orta ateşte ısıtın. Soğanı ve dolmalık biberi ekleyin ve yumuşayana kadar yaklaşık 5 dakika karıştırarak kızartın. Yeşil soğanları ekleyin ve 1 dakika daha pişirin. Kızarmış tofu, sos ve fesleğeni ilave edin ve sıcak olana kadar yaklaşık 3 dakika karıştırarak kızartın. Hemen servis yapın.

20. Sicilya Usulü Tofu

4 porsiyon yapar

- 2 yemek kaşığı zeytinyağı
- 1 pound ekstra sert tofu, süzülmüş, $^1/_4$ inçlik dilimler halinde kesilmiş ve preslenmiş Tuz ve taze çekilmiş karabiber
- 1 küçük sarı soğan, doğranmış
- 2 diş sarımsak, kıyılmış
- 1 (28 ons) doğranmış domates, süzülmüş olabilir
- $^1/_4$ su bardağı sek beyaz şarap
- $^1/_4$ çay kaşığı ezilmiş kırmızı biber
- $^1/_3$ su bardağı çekirdeksiz Kalamata zeytin
- $1\,^1/_2$ yemek kaşığı kapari
- 2 yemek kaşığı kıyılmış taze fesleğen veya 1 çay kaşığı kuru fesleğen (isteğe bağlı)

Fırını 250 ° F'ye önceden ısıtın. Büyük bir tavada, 1 çorba kaşığı yağı orta ateşte ısıtın. Tofuyu gerekirse gruplar halinde ekleyin ve her iki tarafı da 5 dakika olmak üzere her iki tarafı da altın rengi kahverengi olana kadar pişirin. Tatmak için tuz ve karabiber ekleyin. Pişen tofuyu ısıya dayanıklı bir tabağa alın ve sosu hazırlarken fırında sıcak tutun.

Aynı tavada kalan 1 yemek kaşığı yağı orta ateşte ısıtın. Soğanı ve sarımsağı ekleyin, üzerini kapatın ve soğan yumuşayana kadar 10 dakika pişirin. Domates, şarap ve ezilmiş kırmızı biber ekleyin. Bir kaynamaya getirin, ardından ısıyı en aza indirin ve üstü açık olarak 15 dakika pişirin. Zeytinleri ve kaparileri karıştırın. 2 dakika daha pişirin.

Tofuyu bir tabağa veya ayrı tabaklara yerleştirin. Üstüne sosu kaşıkla. Kullanıyorsanız taze fesleğen serpin. Hemen servis yapın.

21. Thai-Phoon Stir-Fry

4 porsiyon yapar

- 1 pound ekstra sert tofu, süzülmüş ve okşamalı dr
- 2 yemek kaşığı kanola veya üzüm çekirdeği yağı
- $1/8$ inçlik dilimler halinde kesilmiş
- 2 diş sarımsak, kıyılmış
- 2 çay kaşığı rendelenmiş taze zencefil
- 3 ons beyaz mantar kapakları, hafifçe durulanır, kurulanır ve $1/2$ inçlik dilimler halinde kesilir
- 1 yemek kaşığı kremalı fıstık ezmesi
- 2 çay kaşığı açık kahverengi şeker
- 1 çay kaşığı Asya biber salçası
- 2 yemek kaşığı soya sosu
- 1 yemek kaşığı mirin
- 1 (13,5 ons) şekersiz hindistan cevizi sütü olabilir
- 6 ons doğranmış taze ıspanak
- 1 yemek kaşığı kızarmış susam yağı
- Servis için taze pişmiş pirinç veya erişte
- 2 yemek kaşığı ince doğranmış taze Tay fesleğen veya kişniş
- 2 yemek kaşığı dövülmüş tuzsuz kavrulmuş fıstık
- 2 çay kaşığı kıyılmış kristalize zencefil (isteğe bağlı)

Tofuyu $1/2$ inçlik zarlar halinde kesin ve bir kenara koyun. Büyük bir tavada 1 yemek kaşığı yağı kızdırın orta-yüksek ısı. Tofuyu ekleyin ve kızarana kadar yaklaşık 7 dakika karıştırarak kızartın. Tofuyu tavadan çıkarın ve bir kenara koyun.

Aynı tavada kalan 1 yemek kaşığı yağı orta ateşte ısıtın. Arpacık soğanı, sarımsak, zencefil ve mantarları ekleyin ve yumuşayana kadar yaklaşık 4 dakika karıştırarak kızartın.

Fıstık ezmesi, şeker, biber salçası, soya sosu ve mirin ilave edin. Hindistan cevizi sütünü ilave edin ve iyice karışana kadar karıştırın. Kızarmış tofu ve ıspanağı ekleyin ve kaynamaya bırakın. Isıyı orta-düşük seviyeye düşürün ve ara sıra karıştırarak ıspanak soluncaya ve tatlar iyice karışana kadar 5 ila 7 dakika pişirin. Susam yağını ilave edin ve bir dakika daha pişirin. Servis yapmak için, tofu karışımını seçtiğiniz pirinç veya erişte üzerine kaşıklayın ve kullanıyorsanız hindistancevizi, fesleğen, yer fıstığı ve kristalize zencefil ekleyin. Hemen servis yapın.

22. Chipotle Boyalı Fırında Tofu

4 porsiyon yapar

- 2 yemek kaşığı soya sosu
- adobo içinde 2 konserve chipotle chiles
- 1 yemek kaşığı zeytinyağı
- 1 pound ekstra sert tofu, süzülmüş, $1/2$ inç kalınlığında dilimler halinde kesilmiş ve preslenmiş (bkz. Hafif Sebze Suyu)

Fırını 375 ° F'ye ısıtın. 9 x 13 inçlik bir fırın tepsisini hafifçe yağlayın ve bir kenara koyun.

Bir mutfak robotunda soya sosu, talaş ve yağı birleştirin ve karışana kadar işleyin. Chipotle karışımını küçük bir kaseye kazıyın.

Chipotle karışımını tofu dilimlerinin her iki tarafına da sürün ve hazırlanan tavada tek bir katman halinde düzenleyin. Sıcak olana kadar pişirin, yaklaşık 20 dakika. Hemen servis yapın.

23. Demirhindi Sırlı Izgara Tofu

4 porsiyon yapar

- 1 pound ekstra sert tofu, süzülmüş ve kurumuş
- Tuz ve taze çekilmiş karabiber
- 2 yemek kaşığı zeytinyağı
- 2 orta arpacık, kıyılmış
- 2 diş sarımsak, kıyılmış
- 2 olgun domates, iri doğranmış
- 2 yemek kaşığı ketçap
- $1/4$ su bardağı su
- 2 yemek kaşığı Dijon hardalı
- 1 yemek kaşığı koyu kahverengi şeker
- 2 yemek kaşığı agav nektarı
- 2 yemek kaşığı demirhindi konsantresi
- 1 yemek kaşığı koyu pekmez
- $1/2$ çay kaşığı öğütülmüş kırmızı biber
- 1 yemek kaşığı füme kırmızı biber
- 1 yemek kaşığı soya sosu

Tofuyu 1 inçlik dilimler halinde kesin, tadına bakmak için tuz ve karabiber ekleyin ve sığ bir fırın tepsisine koyun.

Büyük bir tencerede, yağı orta ateşte ısıtın. Arpacık soğanı ve sarımsağı ekleyip 2 dakika soteleyin. Tofu hariç kalan tüm malzemeleri ekleyin. Isıyı düşük seviyeye indirin ve 15 dakika pişirin. Karışımı bir blender veya mutfak robotuna aktarın ve pürüzsüz olana kadar karıştırın. Tencereye geri dönün ve 15 dakika daha pişirin, ardından soğumaya bırakın. Sosu tofu üzerine dökün ve en az 2 saat buzdolabında saklayın. Bir ızgarayı veya ızgarayı önceden ısıtın.

Marine edilmiş tofuyu bir kez çevirerek ısıtın ve her iki tarafını da güzelce kahverengileştirin. Tofu ızgara yaparken, turşuyu bir tencerede tekrar ısıtın. Tofuyu ızgaradan çıkarın, her iki tarafını demirhindi sosuyla fırçalayın ve hemen servis yapın.

24. Su teresi ile doldurulmuş tofu

4 porsiyon yapar

- 1 pound ekstra sert tofu, süzülmüş, ¾ inçlik dilimler halinde kesilmiş ve preslenmiş (bkz. Hafif Sebze Suyu)
- Tuz ve taze çekilmiş karabiber
- 1 küçük demet su teresi, sert sapları çıkarılmış ve doğranmış
- 2 olgun erik domates, doğranmış
- $1/2$ su bardağı kıyılmış yeşil soğan
- 2 yemek kaşığı kıyılmış taze maydanoz
- 2 yemek kaşığı kıyılmış taze fesleğen
- 1 çay kaşığı kıyılmış sarımsak
- 2 yemek kaşığı zeytinyağı
- 1 yemek kaşığı balzamik sirke
- bir tutam şeker
- $1/2$ su bardağı çok amaçlı un
- $1/2$ bardak su
- 1 $1/2$ su bardağı kuru baharatsız ekmek kırıntısı

Her bir tofu diliminin yanında uzun, derin bir cep kesin ve tofuyu bir fırın tepsisine yerleştirin. Tatmak için tuz ve karabiber ekleyin ve bir kenara koyun.

Büyük bir kapta su teresi, domates, yeşil soğan, maydanoz, fesleğen, sarımsak, 2 yemek kaşığı yağ, sirke, şeker ve tuz ve karabiberi tatlandırın. İyice birleşene kadar karıştırın, ardından karışımı dikkatlice tofu ceplerine doldurun.

Unu sığ bir kaseye koyun. Suyu ayrı bir sığ kaseye dökün. Ekmek kırıntılarını geniş bir tabağa koyun. Tofuyu una bulayın, ardından dikkatlice suya daldırın ve ardından galeta ununa bulayarak iyice kaplayın.

Büyük bir tavada kalan 2 yemek kaşığı yağı orta ateşte ısıtın. Doldurulmuş tofuyu tavaya ekleyin ve her tarafı 4 ila 5 dakika olmak üzere bir kez çevirerek altın rengi kahverengi olana kadar pişirin. Hemen servis yapın.

25. Fıstıklı-Narlı Tofu

4 porsiyon yapar

- 1 pound ekstra sert tofu, süzülmüş, $1/4$ inçlik dilimler halinde kesilmiş ve preslenmiş (bkz. Hafif Sebze Suyu)
- Tuz ve taze çekilmiş karabiber
- 2 yemek kaşığı zeytinyağı
- $1/2$ su bardağı nar suyu
- 1 yemek kaşığı balzamik sirke
- 1 yemek kaşığı açık kahverengi şeker
- 2 yeşil soğan, kıyılmış
- $1/2$ su bardağı tuzsuz kabuklu antep fıstığı, iri kıyılmış
- Tofuyu tatlandırmak için tuz ve karabiberle tatlandırın.

Büyük bir tavada, yağı orta ateşte ısıtın. Tofu dilimlerini gerekirse partiler halinde ekleyin ve hafifçe kızarana kadar her bir tarafta yaklaşık 4 dakika pişirin. Tavadan çıkarın ve bir kenara koyun.

Aynı tavaya nar suyu, sirke, şeker ve yeşil soğanı ekleyip orta ateşte 5 dakika pişirin. Antep fıstığının yarısını ekleyin ve sos hafifçe koyulaşana kadar yaklaşık 5 dakika pişirin.

Kızarmış tofuyu tavaya geri koyun ve sıcak olana kadar yaklaşık 5 dakika pişirin, sosu kaynadıkça tofu üzerine kaşıklayın. Hemen servis yapın, kalan antep fıstığı serpin.

26. Baharat Adası Tofu

4 porsiyon yapar

- ¹/₂ bardak mısır nişastası
- ¹/₂ çay kaşığı kıyılmış taze kekik veya ¹/₄ çay kaşığı kurutulmuş
- ¹/₂ çay kaşığı kıyılmış taze mercanköşk veya ¹/₄ çay kaşığı kurutulmuş
- ¹/₂ çay kaşığı tuz
- ¹/₄ çay kaşığı öğütülmüş kırmızı biber
- ¹/₄ çay kaşığı tatlı veya tütsülenmiş kırmızı biber
- ¹/₄ çay kaşığı açık kahverengi şeker
- ¹/₈ çay kaşığı öğütülmüş yenibahar
- 1 pound ekstra sert tofu, süzülmüş ve ¹/₂ inçlik şeritler halinde kesilmiş
- 2 yemek kaşığı kanola veya üzüm çekirdeği yağı
- ¹/₄ inçlik şeritler halinde kesilmiş 1 orta boy kırmızı dolmalık biber
- 2 yeşil soğan, doğranmış
- 1 diş sarımsak, kıyılmış
- 1 jalapeño, tohumlanmış ve kıyılmış
- 2 adet olgun erik domates, çekirdekleri çıkarılmış ve doğranmış
- 1 su bardağı doğranmış taze veya konserve ananas
- 2 yemek kaşığı soya sosu
- ¹/₄ su bardağı su
- 2 çay kaşığı taze limon suyu
- Süslemek için 1 yemek kaşığı kıyılmış taze maydanoz

Sığ bir kapta mısır nişastası, kekik, mercanköşk, tuz, kırmızı biber, kırmızı biber, şeker ve yenibaharı birleştirin. İyice karıştırın. Tofuyu baharat karışımına batırın, her tarafını kaplayın. Fırını 250 ° F'ye önceden ısıtın.

Büyük bir tavada, 2 yemek kaşığı yağı orta ateşte ısıtın. Gerekirse toplu olarak taranmış tofu ekleyin ve her bir tarafta yaklaşık 4 dakika altın rengi kahverengi olana kadar pişirin. Kızarmış tofuyu ısıya dayanıklı bir tabağa aktarın ve fırında sıcak tutun.

Aynı tavada kalan 1 yemek kaşığı yağı orta ateşte ısıtın. Dolmalık biber, yeşil soğan, sarımsak ve jalapeno ekleyin. Örtün ve ara sıra karıştırarak yumuşayana kadar yaklaşık 10 dakika pişirin. Domates, ananas, soya sosu, su ve limon suyunu ekleyin ve karışım sıcak olana ve tatlar birleşene kadar yaklaşık 5 dakika pişirin. Üzerine sebze karışımını dökün. kızarmış tofu. Kıyılmış maydanoz serpin ve hemen servis yapın.

27. Narenciye-Hoisin Soslu Zencefilli Tofu

4 porsiyon yapar

- 1 pound ekstra sert tofu, süzülmüş, kurulanmış ve $^1/_2$ inçlik küpler halinde kesilmiş
- 2 yemek kaşığı soya sosu
- 2 yemek kaşığı artı 1 çay kaşığı mısır nişastası
- 1 yemek kaşığı artı 1 çay kaşığı kanola veya üzüm çekirdeği yağı
- 1 çay kaşığı kızarmış susam yağı
- 2 çay kaşığı rendelenmiş taze zencefil
- yeşil soğan, kıyılmış
- $^1/_3$ su bardağı hoisin sosu
- $^1/_2$ su bardağı sebze suyu, ev yapımı (bkz. Hafif Sebze Suyu) veya mağazadan satın alınmış
- $^1/_4$ su bardağı taze portakal suyu
- 1 $^/_2$ yemek kaşığı taze limon suyu
- 1 $^/_2$ yemek kaşığı taze limon suyu
- Tuz ve taze çekilmiş karabiber

Tofuyu sığ bir kaseye koyun. Soya sosu ekleyin ve kaplamak için fırlatın, ardından 2 yemek kaşığı mısır nişastası serpin ve kaplamak için fırlatın.

Büyük bir tavada 1 yemek kaşığı kanola yağını orta ateşte ısıtın. Tofuyu ekleyin ve ara sıra çevirerek yaklaşık 10 dakika kızarana kadar pişirin. Tofuyu tavadan çıkarın ve bir kenara koyun.

Aynı tavada kalan 1 çay kaşığı kanola yağını ve susam yağını orta ateşte ısıtın. Zencefil ve yeşil soğanları ekleyin ve kokulu olana kadar yaklaşık 1 dakika pişirin. Üzüm sosu, et suyu ve portakal suyunu ilave edip kaynamaya bırakın. Sıvı hafifçe azalana ve tatlar yaklaşık 3 dakika eriyene kadar pişirin. Küçük bir kapta kalan 1 çay kaşığı mısır nişastasını limon suyu ve limon suyu ile birleştirin ve hafifçe koyulaşana kadar karıştırarak sosa ekleyin. Tatmak için tuz ve karabiber ekleyin.

Kızarmış tofuyu tavaya geri koyun ve sosla kaplanana ve ısıtılana kadar pişirin. Hemen servis yapın.

28. Limon otu ve kar bezelye ile tofu

4 porsiyon yapar

- 2 yemek kaşığı kanola veya üzüm çekirdeği yağı
- 1 orta boy kırmızı soğan, ikiye bölünmüş ve ince dilimlenmiş
- 2 diş sarımsak, kıyılmış
- 1 çay kaşığı rendelenmiş taze zencefil
- 1 pound ekstra sert tofu, süzülmüş ve $1/2$ inçlik zarlar halinde kesilmiş
- 2 yemek kaşığı soya sosu
- 1 yemek kaşığı mirin veya sake
- 1 çay kaşığı şeker
- $1/2$ çay kaşığı ezilmiş kırmızı biber
- 4 ons kar bezelye, kesilmiş
- 1 yemek kaşığı kıyılmış limon otu veya 1 limon kabuğu rendesi
- Garnitür için 2 yemek kaşığı iri öğütülmüş tuzsuz kavrulmuş fıstık

Büyük bir tavada veya wok'ta yağı orta-yüksek ateşte ısıtın. Soğan, sarımsak ve zencefili ekleyin ve 2 dakika karıştırarak kızartın. Tofu ekleyin ve altın rengi kahverengi olana kadar yaklaşık 7 dakika pişirin.

Soya sosu, mirin, şeker ve ezilmiş kırmızı biberi ilave edip karıştırın. Bezelye ve limon otunu ekleyin ve kar bezelyeleri çıtır çıtır olana ve tatlar iyice karışana kadar yaklaşık 3 dakika karıştırarak kızartın. Yer fıstığı ile süsleyin ve hemen servis yapın.

29. Tahin Soslu Çift Susamlı Tofu

4 porsiyon yapar

- $1/2$ su bardağı tahin (susam ezmesi)
- 2 yemek kaşığı taze limon suyu
- 2 yemek kaşığı soya sosu
- 2 yemek kaşığı su
- $1/4$ su bardağı beyaz susam
- $1/4$ su bardağı siyah susam
- $1/2$ bardak mısır nişastası
- 1 pound ekstra sert tofu, süzülmüş, kurulanmış ve $1/2$ inçlik şeritler halinde kesilmiş
- Tuz ve taze çekilmiş karabiber
- 2 yemek kaşığı kanola veya üzüm çekirdeği yağı

Küçük bir kapta tahin, limon suyu, soya sosu ve suyu iyice karıştırmak için karıştırarak birleştirin. Kenara koyun.

Sığ bir kapta, beyaz ve siyah susam tohumlarını ve mısır nişastasını karıştırarak karıştırın. Tofuyu tatlandırmak için tuz ve karabiberle tatlandırın. Kenara koyun.

Büyük bir tavada, yağı orta ateşte ısıtın. Tofuyu iyice kaplanana kadar susam tohumu karışımına batırın, ardından sıcak tavaya ekleyin ve her tarafı 3 ila 4 dakika olmak üzere gerektiği gibi çevirerek her tarafı kızarana ve çıtır çıtır olana kadar pişirin. Tohumları yakmamaya dikkat edin. Üzerine tahin sosu gezdirin ve hemen servis yapın.

30. Tofu ve Edamame Güveç

4 porsiyon yapar

- 2 yemek kaşığı zeytinyağı
- 1 orta boy sarı soğan, doğranmış
- $1/2$ su bardağı kıyılmış kereviz
- 2 diş sarımsak, kıyılmış
- 2 orta boy Yukon Gold patates, soyulmuş ve $1/2$ inç zar şeklinde kesilmiş
- 1 su bardağı kabuklu taze veya dondurulmuş edamame
- 2 su bardağı soyulmuş ve doğranmış kabak
- $1/2$ su bardağı donmuş bebek bezelye
- 1 çay kaşığı kurutulmuş tuzlu
- $1/2$ çay kaşığı ufalanmış kuru adaçayı
- $1/8$ çay kaşığı öğütülmüş kırmızı biber
- 1 $1/2$ su bardağı sebze suyu, ev yapımı (bkz. Hafif Sebze Suyu) veya mağazadan satın alınmış Tuz ve taze çekilmiş karabiber
- 1 pound ekstra sert tofu, süzülmüş, kurulanmış ve $1/2$ inçlik zarlar halinde kesilmiş
- 2 yemek kaşığı kıyılmış taze maydanoz

Büyük bir tencerede, 1 yemek kaşığı yağı orta ateşte ısıtın. Soğan, kereviz ve sarımsağı ekleyin. Örtün ve yumuşayana kadar yaklaşık 10 dakika pişirin. Patates, edamame, kabak, bezelye, tuzlu, adaçayı ve acıyı karıştırın. Et suyunu ekleyin ve kaynatın. Isıyı düşük seviyeye indirin ve tatmak için tuz ve karabiber ekleyin. Örtün ve sebzeler yumuşayana ve tatlar karışana kadar yaklaşık 40 dakika pişirin.

Büyük bir tavada kalan 1 yemek kaşığı yağı orta-yüksek ateşte ısıtın. Tofu ekleyin ve altın rengi kahverengi olana kadar yaklaşık 7 dakika pişirin. Tatmak için tuz ve karabiber ekleyin ve bir kenara koyun. Güveç pişmeden yaklaşık 10 dakika önce kızarmış tofu ve maydanozu ekleyin. Tadına bakın, gerekirse baharatları ayarlayın ve hemen servis yapın.

31. Soy-Tan Rüya Pirzola

6 porsiyon yapar

- 10 ons sert tofu, süzülmüş ve ufalanmış
- 2 yemek kaşığı soya sosu
- $1/4$ çay kaşığı tatlı kırmızı biber
- $1/4$ çay kaşığı soğan tozu
- $1/4$ çay kaşığı sarımsak tozu
- $1/4$ çay kaşığı taze çekilmiş karabiber
- 1 su bardağı buğday gluteni unu (hayati buğday gluteni)
- 2 yemek kaşığı zeytinyağı

Bir mutfak robotunda tofu, soya sosu, kırmızı biber, soğan tozu, sarımsak tozu, biber ve unu birleştirin. İyice karışana kadar işleyin. Karışımı düz bir çalışma yüzeyine aktarın ve bir silindir şekli verin. Karışımı 6 eşit parçaya bölün ve bunları en fazla $1/4$ inç kalınlığında çok ince pirzolalar halinde düzleştirin. (Bunu yapmak için, her pirzolayı iki parça mumlu kağıt, film sargısı veya parşömen kağıdı arasına yerleştirin ve bir oklava ile düz bir şekilde açın.)

Büyük bir tavada, yağı orta ateşte ısıtın. Pirzolaları gerekirse partiler halinde ekleyin, örtün ve her iki tarafı da 5 ila 6 dakika güzelce kızarana kadar pişirin. Pirzola artık tariflerde kullanılmaya veya üzerine sos eklenerek hemen servis edilmeye hazırdır.

32. Benim Bir Tür Köfte

4 ila 6 porsiyon yapar

- 2 yemek kaşığı zeytinyağı
- $2/3$ su bardağı kıyılmış soğan
- 2 diş sarımsak, kıyılmış
- 1 pound ekstra sert tofu, süzülmüş ve kurumuş
- 2 yemek kaşığı ketçap
- 2 yemek kaşığı tahin (susam ezmesi) veya kremalı fıstık ezmesi
- 2 yemek kaşığı soya sosu
- $1/2$ bardak öğütülmüş ceviz
- 1 su bardağı eski moda yulaf
- 1 su bardağı buğday gluteni unu (hayati buğday gluteni)
- 2 yemek kaşığı kıyılmış taze maydanoz
- $1/2$ çay kaşığı tuz
- $1/2$ çay kaşığı tatlı kırmızı biber
- $1/4$ çay kaşığı taze çekilmiş karabiber

Fırını 375 ° F'ye ısıtın. 9 inçlik bir somun tavasını hafifçe yağlayın ve bir kenara koyun. Büyük bir tavada, 1 çorba kaşığı yağı orta ateşte ısıtın. Soğanı ve sarımsağı ekleyin, üzerini kapatın ve yumuşayana kadar 5 dakika pişirin.

Bir mutfak robotunda tofu, ketçap, tahin ve soya sosunu birleştirin ve pürüzsüz olana kadar işleyin. Ayrılmış soğan karışımını ve kalan tüm malzemeleri ekleyin. İyice birleşene kadar nabız atın, ancak biraz doku kalsın.

Karışımı hazırlanan tavaya kazıyın. Karışımı tavaya sıkıca bastırın, üstünü düzleştirin. Sert ve altın kahverengi olana kadar yaklaşık 1 saat pişirin. Dilimlemeden önce 10 dakika bekletin.

33. Çok Vanilyalı Fransız Tostu

4 porsiyon yapar

1 (12 ons) paket sert ipeksi tofu, süzülmüş
$1/2$ su bardağı soya sütü
2 yemek kaşığı mısır nişastası
1 yemek kaşığı kanola veya üzüm çekirdeği yağı
2 çay kaşığı şeker
$1/2$ çay kaşığı saf vanilya özü
$1/4$ çay kaşığı tuz
4 dilim günlük İtalyan ekmeği
Kızartmak için kanola veya üzüm çekirdeği yağı

Fırını 225 ° F'ye önceden ısıtın. Bir blender veya mutfak robotunda tofu, soya sütü, mısır nişastası, yağ, şeker, vanilya ve tuzu birleştirin ve pürüzsüz olana kadar karıştırın.

Hamuru sığ bir kaseye dökün ve ekmeği hamura batırın, her iki tarafı da kaplayacak şekilde çevirin.

Bir kalbur veya büyük tavada, orta ateşte ince bir yağ tabakasını ısıtın. Fransız tostunu sıcak kalburun üzerine koyun ve her iki tarafı da altın rengi olana kadar bir kez çevirerek, her bir tarafta 3 ila 4 dakika pişirin.

Pişen Fransız tostunu ısıya dayanıklı bir tabağa alın ve kalanını pişirirken fırında sıcak tutun.

34. Susam-Soya Kahvaltı Ezmesi

Yaklaşık 1 bardak yapar

$^1/_2$ su bardağı yumuşak tofu, süzülmüş ve kurutulmuş
2 yemek kaşığı tahin (susam ezmesi)
2 yemek kaşığı besin mayası
1 yemek kaşığı taze limon suyu
2 çay kaşığı keten tohumu yağı
1 çay kaşığı kızarmış susam yağı
$^1/_2$ çay kaşığı tuz

Bir blender veya mutfak robotunda tüm malzemeleri birleştirin ve pürüzsüz olana kadar karıştırın. Karışımı küçük bir kaseye kazıyın, üzerini kapatın ve lezzeti derinleştirmek için birkaç saat buzdolabında saklayın. Düzgün bir şekilde saklanırsa, 3 güne kadar saklanır.

35. Aurora Soslu Radyatörler

4 porsiyon yapar

- 1 yemek kaşığı zeytinyağı
- 3 diş sarımsak, kıyılmış
- 3 yeşil soğan, kıyılmış
- (28 ons) ezilmiş domates olabilir
- 1 çay kaşığı kuru fesleğen
- $1/2$ çay kaşığı kurutulmuş mercanköşk
- 1 çay kaşığı tuz
- $1/4$ çay kaşığı taze çekilmiş karabiber
- $1/3$ su bardağı vegan krem peynir veya süzülmüş yumuşak tofu
- 1 kiloluk radyatör veya diğer küçük, şekilli makarna
- Garnitür için 2 yemek kaşığı kıyılmış taze maydanoz

Büyük bir tencerede, yağı orta ateşte ısıtın. Sarımsak ve yeşil soğanları ekleyin ve kokulu olana kadar 1 dakika pişirin. Domates, fesleğen, mercanköşk, tuz ve karabiberi ekleyip karıştırın. Sosu kaynatın, ardından ısıyı en aza indirin ve ara sıra karıştırarak 15 dakika pişirin.

Bir mutfak robotunda krem peyniri pürüzsüz olana kadar karıştırın. 2 bardak domates sosu ekleyin ve pürüzsüz olana kadar karıştırın. Tofu-domates karışımını, karıştırmak için karıştırarak domates sosuyla tekrar tencereye alın. Tadına bakın, gerekirse baharatları ayarlayın. Kısık ateşte sıcak tutun.

Büyük bir tencerede kaynayan tuzlu suda, makarnayı orta-yüksek ateşte ara sıra karıştırarak al dente olana kadar yaklaşık 10 dakika pişirin. İyice süzün ve büyük bir servis kasesine aktarın. Sosu ekleyin ve birleştirmek için hafifçe atın. Maydanoz serpin ve hemen servis yapın.

36. Klasik Tofu Lazanya

6 porsiyon yapar

- 12 ons lazanya erişte
- 1 kiloluk sert tofu, süzülmüş ve ufalanmış
- 1 pound yumuşak tofu, süzülmüş ve ufalanmış
- 2 yemek kaşığı besin mayası
- 1 çay kaşığı taze limon suyu
- 1 çay kaşığı tuz
- $^1/_4$ çay kaşığı taze çekilmiş karabiber
- 3 yemek kaşığı kıyılmış taze maydanoz
- $^1/_2$ bardak vegan Parmesan veya Parmasio
- 4 su bardağı marinara sosu, ev yapımı (bkz. Marinara Sosu) veya mağazadan satın alınmış

Bir tencerede tuzlu su kaynatın, erişteleri orta-yüksek ateşte ara sıra karıştırarak yaklaşık 7 dakika al dente olana kadar pişirin. Fırını 350 ° F'ye ısıtın. Büyük bir kapta sert ve yumuşak tofuzu birleştirin. Besin mayası, limon suyu, tuz, karabiber, maydanoz ve $^1/_{bardak}$ Parmesan ekleyin. İyice birleştirilene kadar karıştırın.

9 x 13 inçlik bir pişirme kabının dibine bir kat domates sosu dökün. Pişmiş eriştе tabakası ile doldurun. Tofu karışımının yarısını erişterin üzerine eşit şekilde yayın. Başka bir eriştе tabakası ve ardından bir sos tabakası ile tekrarlayın. Kalan tofu karışımını sosun üzerine yayın ve son kat eriştе ve sosla bitirin. Kalan $^1/_4$ bardak Parmesan serpin. Sos kalırsa, saklayın ve lazanyanın yanında bir kasede sıcak olarak servis edin.

Folyo ile örtün ve 45 dakika pişirin. Kapağı çıkarın ve 10 dakika daha pişirin. Servis yapmadan önce 10 dakika bekletin.

37. Pazı ve Ispanaklı Lazanya

6 porsiyon yapar

- 12 ons lazanya erişte
- 1 yemek kaşığı zeytinyağı
- 2 diş sarımsak, kıyılmış
- 8 ons taze kırmızı pazı, sert sapları çıkarılmış ve iri kıyılmış
- 9 ons taze bebek ıspanak, kaba kıyılmış
- 1 kiloluk sert tofu, süzülmüş ve ufalanmış
- 1 pound yumuşak tofu, süzülmüş ve ufalanmış
- 2 yemek kaşığı besin mayası
- 1 çay kaşığı taze limon suyu
- 2 yemek kaşığı kıyılmış taze düz yapraklı maydanoz
- 1 çay kaşığı tuz
- $1/4$ çay kaşığı taze çekilmiş karabiber
- $3\,1/2$ su bardağı marinara sosu, ev yapımı veya mağazadan satın alınmış

Bir tencerede tuzlu su kaynatın, erişteleri orta-yüksek ateşte ara sıra karıştırarak yaklaşık 7 dakika al dente olana kadar pişirin. Fırını 350 ° F'ye ısıtın.

Büyük bir tencerede, yağı orta ateşte ısıtın. Sarımsağı ekleyin ve kokusu çıkana kadar pişirin. Pazı ekleyin ve yaklaşık 5 dakika solana kadar karıştırarak pişirin. Ispanağı ekleyin ve yaklaşık 5 dakika daha solana kadar karıştırarak pişirmeye devam edin. Örtün ve yumuşayana kadar yaklaşık 3 dakika pişirin. Üzerini örtün ve soğuması için kenara alın. İşlenecek kadar soğuduğunda, fazla sıvıyı sıkmak için büyük bir kaşıkla üzerlerine bastırarak yeşilliklerden kalan nemi boşaltın. Yeşillikleri geniş bir kaseye koyun. Tofu, besin mayası, limon suyu, maydanoz, tuz ve karabiberi ekleyin. İyice birleştirilene kadar karıştırın.

9 x 13 inçlik bir pişirme kabının dibine bir kat domates sosu dökün. Bir kat erişte ile doldurun. Tofu karışımının yarısını eriştelerin üzerine eşit şekilde yayın. Başka bir erişte tabakası ve bir kat sos ile tekrarlayın. Kalan tofu karışımını sosun üzerine yayın ve son kat erişte, sos ve Parmesan ile bitirin.

Folyo ile örtün ve 45 dakika pişirin. Kapağı çıkarın ve 10 dakika daha pişirin. Servis yapmadan önce 10 dakika bekletin.

38. Kavrulmuş Sebze Lazanya

6 porsiyon yapar

- ¼ inçlik dilimler halinde kesilmiş 1 orta boy kabak
- ¼ inç dilimler halinde kesilmiş 1 orta boy patlıcan
- 1 orta boy kırmızı dolmalık biber, doğranmış
- 2 yemek kaşığı zeytinyağı
- Tuz ve taze çekilmiş karabiber
- 8 ons lazanya erişte
- 1 kiloluk sert tofu, süzülmüş, kuru ve ufalanmış
- 1 pound yumuşak tofu, süzülmüş, kuru ve ufalanmış
- 2 yemek kaşığı besin mayası
- 2 yemek kaşığı kıyılmış taze düz yapraklı maydanoz
- 3 ½ su bardağı marinara sosu, ev yapımı (bkz. Marinara Sosu) veya mağazadan satın alınmış

Fırını 425 ° F'ye ısıtın. Kabak, patlıcan ve dolmalık biberi hafifçe yağlanmış 9 x 13 inçlik bir fırın tepsisine yayın. Yağ ile gezdirin ve tatmak için tuz ve karabiber ekleyin. Sebzeleri yumuşayana ve hafifçe kızarana kadar yaklaşık 20 dakika kavurun. Ocaktan alıp soğuması için kenara alın. Fırın sıcaklığını 350 ° F'ye düşürün.

Bir tencerede tuzlu su kaynatın, erişteleri orta-yüksek ateşte ara sıra karıştırarak yaklaşık 7 dakika al dente olana kadar pişirin. Süzün ve bir kenara koyun. Büyük bir kapta, tofuyu besleyici maya, maydanoz ve tatmak için tuz ve karabiberle birleştirin. İyice karıştırın.

Birleştirmek için, 9 x 13 inçlik bir pişirme kabının dibine bir kat domates sosu yayın. Sosu bir kat erişte ile doldurun. Erişteleri kavrulmuş sebzelerin yarısı ile doldurun, ardından tofu karışımının yarısını sebzelerin üzerine yayın. Başka bir erişte tabakası ile tekrarlayın ve daha fazla sosla doldurun. Kalan sebzeler ve tofu karışımı ile katmanlama işlemini tekrarlayın, bir kat erişte ve sos ile bitirin. Üzerine Parmesan serpin.

Örtün ve 45 dakika pişirin. Kapağı çıkarın ve 10 dakika daha pişirin. Fırından çıkarın ve kesmeden önce 10 dakika bekletin.

39. Turplu ve Mantarlı Lazanya

6 porsiyon yapar

- 1 yemek kaşığı zeytinyağı
- 2 diş sarımsak, kıyılmış
- 1 küçük baş turp, kıyılmış
- 8 ons cremini mantarı, hafifçe durulanır, kurulanır ve ince dilimlenir
- Tuz ve taze çekilmiş karabiber
- 8 ons lazanya erişte
- 1 kiloluk sert tofu, süzülmüş, kuru ve ufalanmış
- 1 pound yumuşak tofu, süzülmüş, kuru ve ufalanmış
- 3 yemek kaşığı besin mayası
- 2 yemek kaşığı kıyılmış taze maydanoz
- 3 su bardağı marinara sosu, ev yapımı (bkz. Marinara Sosu) veya mağazadan satın alınmış

Büyük bir tavada, yağı orta ateşte ısıtın. Sarımsak, turp ve mantarları ekleyin. Örtün ve ara sıra karıştırarak yumuşayana kadar yaklaşık 10 dakika pişirin. Tatmak için tuz ve karabiber ekleyin ve bir kenara koyun

Bir tencerede tuzlu su kaynatın, erişteleri orta-yüksek ateşte ara sıra karıştırarak yaklaşık 7 dakika al dente olana kadar pişirin. Süzün ve bir kenara koyun. Fırını 350 ° F'ye ısıtın.

Büyük bir kapta sert ve yumuşak tofuyu birleştirin. Besin mayası ve maydanozu ekleyin ve iyice birleşene kadar karıştırın. Turp ve mantar karışımını karıştırın ve tatmak için tuz ve karabiber ekleyin.

9 x 13 inçlik bir pişirme kabının dibine bir kat domates sosu dökün. Bir kat erişte ile doldurun. Tofu

karışımının yarısını eriştelerin üzerine eşit şekilde yayın. Başka bir erişte tabakası ve ardından bir sos tabakası ile tekrarlayın. Kalan tofu karışımını üstüne yayın ve son kat erişte ve sosla bitirin. En üste ceviz serpin.

Folyo ile örtün ve 45 dakika pişirin. Kapağı çıkarın ve 10 dakika daha pişirin. Servis yapmadan önce 10 dakika bekletin.

40. Lazanya Primavera

6 ila 8 porsiyon yapar

- 8 ons lazanya erişte
- 2 yemek kaşığı zeytinyağı
- 1 küçük sarı soğan, doğranmış
- 3 diş sarımsak, kıyılmış
- 6 ons ipeksi tofu, süzülmüş
- 3 su bardağı sade şekersiz soya sütü
- 3 yemek kaşığı besin mayası
- $1/8$ çay kaşığı öğütülmüş hindistan cevizi
- Tuz ve taze çekilmiş karabiber
- 2 su bardağı doğranmış brokoli çiçeği
- 2 orta boy havuç, kıyılmış
- $1/4$ inçlik dilimler halinde kesilmiş
- 1 orta boy kırmızı dolmalık biber, doğranmış
- 2 kilo sert tofu, süzülmüş ve kurumuş
- 2 yemek kaşığı kıyılmış taze düz yapraklı maydanoz
- $1/2$ bardak vegan Parmesan veya Parmasio
- $1/2$ su bardağı öğütülmüş badem veya çam fıstığı

Fırını 350 ° F'ye ısıtın. Bir tencerede tuzlu su kaynatın, erişteleri orta-yüksek ateşte ara sıra karıştırarak yaklaşık 7 dakika al dente olana kadar pişirin. Süzün ve bir kenara koyun.

Küçük bir tavada, yağı orta ateşte ısıtın. Soğanı ve sarımsağı ekleyin, üzerini kapatın ve yumuşayana kadar yaklaşık 5 dakika pişirin. Soğan karışımını bir karıştırıcıya aktarın. Tatmak için ipeksi tofu, soya sütü, besin mayası, hindistan cevizi ve tuz ve karabiber ekleyin. Pürüzsüz olana kadar karıştırın ve bir kenara koyun.

Brokoliyi, havucu, kabağı ve dolmalık biberi yumuşayana kadar buharda pişirin. Ateşten alın. Sert tofuyu büyük bir kaseye ufalayın. Maydanoz ve $1/_{bardak}$ Parmesan ekleyin ve tuz ekleyin biber iki anahtar. İyice birleştirilene kadar karıştırın. Buğulanmış sebzeleri ilave edin ve iyice karıştırın, gerekirse daha fazla tuz ve karabiber ekleyin.

Hafifçe yağlanmış 9 x 13 inçlik bir pişirme kabının dibine bir kat beyaz sos koyun. Bir kat erişte ile doldurun. Tofu ve sebze karışımının yarısını erişte üzerine eşit şekilde yayın. Başka bir erişte tabakası ve ardından bir kat sos ile tekrarlayın. Kalan tofu karışımını üstüne yayın ve son kat erişte ve sosla bitirin, kalan $1/_{bardak}$ Parmesan ile bitirin. Folyo ile örtün ve 45 dakika pişirin

41. Siyah Fasulye ve Kabak Lazanyası

6 ila 8 porsiyon yapar

- 12 lazanya eriştesi
- 1 yemek kaşığı zeytinyağı
- 1 orta boy sarı soğan, doğranmış
- 1 orta boy kırmızı dolmalık biber, doğranmış
- 2 diş sarımsak, kıyılmış
- 1 1/2 bardak pişmiş veya 1 (15,5 ons) kutu siyah fasulye, süzülmüş ve durulanmış
- (14.5 ons) ezilmiş domates olabilir
- 2 çay kaşığı toz biber
- Tuz ve taze çekilmiş karabiber
- 1 kiloluk sert tofu, iyi süzülmüş
- 3 yemek kaşığı kıyılmış taze maydanoz veya kişniş
- 1 (16 ons) kabak püresi olabilir
- 3 su bardağı domates salsa, ev yapımı (bkz. Taze Domates Salsa) veya mağazadan satın alınmış

Bir tencerede tuzlu su kaynatın, erişteleri orta-yüksek ateşte ara sıra karıştırarak yaklaşık 7 dakika al dente olana kadar pişirin. Süzün ve bir kenara koyun. Fırını 375 ° F'ye ısıtın.

Büyük bir tavada, yağı orta ateşte ısıtın. Soğanı ekleyin, örtün ve yumuşayana kadar pişirin. Dolmalık biber ve sarımsağı ekleyin ve 5 dakika daha yumuşayana kadar pişirin. Fasulyeleri, domatesleri, 1 çay kaşığı acı biberi ve tuzu ve karabiberi tatmak için karıştırın. İyice karıştırın ve kenara koyun.

Büyük bir kapta tofu, maydanoz, kalan 1 çay kaşığı acı biber ve tuz ve karabiberi tatmak için birleştirin. Kenara koyun. Orta boy bir kapta balkabağını salsa ile birleştirin ve iyice karışması için karıştırın. Tatmak için tuz ve karabiber ekleyin.

9 x 13 inçlik bir pişirme kabının dibine yaklaşık ¾ fincan balkabağı karışımını yayın. Erişte 4 ile doldurun. Fasulye karışımının yarısı, ardından tofu karışımının yarısı ile doldurun. Üzerine dört erişte koyun, ardından bir kat kabak karışımı, ardından kalan fasulye karışımı ve kalan erişte ile doldurun. Kalan tofu karışımını erişetelerin üzerine yayın, ardından kalan kabak karışımını tavanın kenarlarına yayın.

Folyo ile örtün ve sıcak ve kabarcıklı olana kadar yaklaşık 50 dakika pişirin. Ortaya çıkarın, kabak çekirdeği serpin ve servis yapmadan önce 10 dakika bekletin.

42. Pazı Dolması Manicotti

4 porsiyon yapar

- 12 manikotti
- 3 yemek kaşığı zeytinyağı
- 1 küçük soğan, kıyılmış
- 1 orta demet pazı, sert sapları ayıklanmış ve doğranmış
- 1 kiloluk sert tofu, süzülmüş ve ufalanmış
- Tuz ve taze çekilmiş karabiber
- 1 su bardağı çiğ kaju
- 3 su bardağı sade şekersiz soya sütü
- $1/8$ çay kaşığı öğütülmüş hindistan cevizi
- $1/8$ çay kaşığı öğütülmüş kırmızı biber
- 1 su bardağı kuru baharatsız ekmek kırıntısı

Fırını 350 ° F'ye ısıtın. 9 x 13 inçlik bir pişirme kabını hafifçe yağlayın ve bir kenara koyun.

Kaynayan tuzlu suda, manikottiyi orta-yüksek ateşte ara sıra karıştırarak al dente olana kadar yaklaşık 8 dakika pişirin. İyice süzün ve soğuk su altında çalıştırın. Kenara koyun.

Büyük bir tavada, 1 çorba kaşığı yağı orta ateşte ısıtın. Soğanı ekleyin, örtün ve yaklaşık 5 dakika yumuşayana kadar pişirin. Pazı ekleyin, örtün ve pazı yumuşayana kadar ara sıra karıştırarak yaklaşık 10 dakika pişirin. Ateşten alın ve iyice karıştırmak için karıştırarak tofu ekleyin. Tatmak için tuz ve karabiberle iyice baharatlayın ve bir kenara koyun.

Bir blender veya mutfak robotunda kajuları toz haline getirin. Tatmak için $1/2$ bardak soya sütü, hindistan cevizi, kırmızı biber ve tuz ekleyin. Pürüzsüz olana kadar karıştır. Kalan 1/2 su bardağı soya sütünü ekleyin ^{ve} kremsi $_{olana}$ kadar karıştırın. Tadına bakın, gerekirse baharatları ayarlayın.

Hazırlanan pişirme kabının tabanına bir kat sos sürün. Yaklaşık $^{1}/_{bardak}$ _ manikotti içine pazı dolması. Doldurduğunuz manicottileri fırın tepsisine tek sıra olacak şekilde dizin. Kalan sosu manicottilerin üzerine gezdirin. Küçük bir kapta galeta ununu ve kalan 2 yemek kaşığı yağı birleştirip manikottilerin üzerine serpin. Folyo ile örtün ve sıcak ve kabarcıklı olana kadar yaklaşık 30 dakika pişirin. Hemen servis yapın

43. Ispanaklı Manicotti

4 porsiyon yapar

- 12 manikotti
- 1 yemek kaşığı zeytinyağı
- 2 orta boy arpacık, doğranmış
- 2 (10 ons) paket dondurulmuş doğranmış ıspanak, çözülmüş
- 1 pound ekstra sert tofu, süzülmüş ve ufalanmış
- $1/4$ çay kaşığı öğütülmüş hindistan cevizi
- Tuz ve taze çekilmiş karabiber
- 1 su bardağı kavrulmuş ceviz parçaları
- 1 bardak yumuşak tofu, süzülmüş ve ufalanmış
- $1/4$ bardak beslenme mayası
- 2 su bardağı sade şekersiz soya sütü
- 1 su bardağı kuru ekmek kırıntısı

Fırını 350 ° F'ye ısıtın. 9 x 13 inçlik bir fırın tepsisini hafifçe yağlayın. Kaynayan tuzlu suda, manikottiyi orta-yüksek ateşte, ara sıra karıştırarak al dente olana kadar yaklaşık 10 dakika pişirin. İyice süzün ve soğuk su altında çalıştırın. Kenara koyun.

Büyük bir tavada, yağı orta ateşte ısıtın. Arpacık ekleyin ve yaklaşık 5 dakika yumuşayana kadar pişirin. Mümkün olduğu kadar fazla sıvıyı çıkarmak için ıspanağı sıkın ve arpacıklara ekleyin. Tatlandırmak için muskat, tuz ve karabiber ekleyin ve tatları karıştırmak için karıştırarak 5 dakika pişirin. Ekstra sert tofu ekleyin ve iyice karışması için karıştırın. Kenara koyun.

Bir mutfak robotunda cevizleri ince bir şekilde öğütülene kadar işleyin. Tatmak için yumuşak tofu, besleyici maya, soya sütü ve tuz ve karabiber ekleyin. Pürüzsüz olana kadar işleyin.

Hazırlanan fırın tepsisinin tabanına ceviz sosundan bir kat yayın. Manicotti'yi doldurma ile doldurun. Doldurduğunuz manicottileri fırın tepsisine tek sıra olacak şekilde dizin. Kalan sosu üzerine kaşıkla yayın. Folyo ile örtün ve yaklaşık 30 dakika sıcak olana kadar pişirin. Ortaya çıkarın, galeta unu serpin ve üstünün hafifçe kızarması için 10 dakika daha pişirin. Hemen servis yapın

44. Lazanya Fırıldakları

4 porsiyon yapar

- 12 lazanya eriştesi
- 4 su bardağı hafifçe paketlenmiş taze ıspanak
- 1 su bardağı pişmiş veya konserve beyaz fasulye, süzülmüş ve durulanmış
- 1 kiloluk sert tofu, süzülmüş ve kurumuş
- $1/2$ çay kaşığı tuz
- $1/4$ çay kaşığı taze çekilmiş karabiber
- $1/8$ çay kaşığı öğütülmüş hindistan cevizi
- 3 su bardağı marinara sosu, ev yapımı (bkz. Marinara Sosu) veya mağazadan satın alınmış

Fırını 350 ° F'ye ısıtın. Kaynayan tuzlu su tenceresinde, erişteleri orta-yüksek ateşte ara sıra karıştırarak tamamen al dente olana kadar yaklaşık 7 dakika pişirin.

Ispanağı 1 çorba kaşığı su ile mikrodalgaya uygun bir kaba koyun. Örtün ve solana kadar 1 dakika mikrodalgada pişirin. Kaseden çıkarın, kalan sıvıyı sıkın. Ispanağı bir mutfak robotuna aktarın ve doğramak için nabız atın. Fasulyeleri, tofuyu, tuzu ve karabiberi ekleyin ve iyice birleşene kadar işleyin. Kenara koyun.

Fırıldakları birleştirmek için erişteleri düz bir çalışma yüzeyine koyun. Her bir erişteninin yüzeyine yaklaşık 3 yemek kaşığı tofu-ıspanak karışımı yayın ve sarın. Kalan malzemelerle tekrarlayın. Derin bir güveç kabının dibine domates sosundan bir kat yayın. Ruloları dik olarak sosun üzerine yerleştirin ve kalan sosun bir kısmını her fırıldak üzerine kaşıklayın. Folyo ile örtün ve 30 dakika pişirin. Hemen servis yapın.

45. Bezelyeli Kabak Mantısı

4 porsiyon yapar

- 1 su bardağı konserve kabak püresi
- $1/2$ su bardağı ekstra sert tofu, iyi süzülmüş ve ufalanmış
- 2 yemek kaşığı kıyılmış taze maydanoz
- Yer fıstığı serpiştirin
- Tuz ve taze çekilmiş karabiber
- 1 tarif Yumurtasız Makarna Hamuru
- $1/4$ inçlik dilimler halinde kesilmiş
- 1 su bardağı donmuş bebe bezelye, çözülmüş

Kabak ve tofudaki fazla sıvıyı almak için bir kağıt havlu kullanın, ardından bir mutfak robotunda besleyici maya, maydanoz, hindistan cevizi ve tuz ve biberle tatlandırın. Kenara koyun.

Mantıyı yapmak için, makarna hamurunu hafifçe unlanmış bir yüzeyde ince bir şekilde açın. Hamuru kesin

2 inç genişliğinde şeritler. 1 makarna şeridine, üstten yaklaşık 1 inç yukarıda olacak şekilde 1 çay kaşığı dolusu dolgu koyun. Makarna şeridine, ilk kaşık dolusu dolgunun yaklaşık bir inç altına bir çay kaşığı dolusu dolgu daha koyun. Hamur şeridinin tüm uzunluğu boyunca tekrarlayın. Hamurun kenarlarını suyla hafifçe ıslatın ve dolguyu kaplayacak şekilde ikinci bir makarna şeridini birincinin üzerine yerleştirin.

Doldurma bölümleri arasında iki hamur tabakasını birbirine bastırın. Düzleştirmek için hamurun kenarlarını kesmek için bir bıçak kullanın, ardından kare ravioli yapmak için hamuru her bir dolgu arasında kesin. Kapatmadan önce doldurma etrafındaki hava ceplerini bastırdığınızdan emin olun. Mantıyı kapatmak için hamurun kenarları boyunca bastırmak için bir çatalın dişlerini kullanın. Mantıyı unlanmış bir tabağa aktarın ve kalan hamur ve sos ile tekrarlayın. Kenara koyun.

Büyük bir tavada, yağı orta ateşte ısıtın. Arpacık soğanlarını ekleyin ve ara sıra karıştırarak arpacık soğanları derin bir altın rengi kahverengi olana ancak yanmayana kadar yaklaşık 15 dakika pişirin. Bezelyeyi karıştırın ve tatmak için tuz ve karabiber ekleyin. Çok kısık ateşte sıcak tutun.

Kaynayan tuzlu suda büyük bir tencerede, raviolileri yaklaşık 5 dakika yukarı çıkana kadar pişirin. İyice süzün ve arpacık ve bezelye ile tavaya aktarın. Lezzetlerin karışması için bir veya iki dakika pişirin, ardından büyük bir servis kasesine aktarın. Bol karabiber serpin ve hemen servis yapın.

46. Enginar-Cevizli Mantı

4 porsiyon yapar

- $1/3$ su bardağı artı 2 yemek kaşığı zeytinyağı
- 3 diş sarımsak, kıyılmış
- 1 (10 ons) paket donmuş ıspanak, çözülmüş ve kuru sıkılmış
- 1 su bardağı donmuş enginar kalbi, çözülmüş ve doğranmış
- $1/3$ fincan sert tofu, süzülmüş ve ufalanmış
- 1 su bardağı kavrulmuş ceviz parçaları
- $1/4$ su bardağı sıkıca paketlenmiş taze maydanoz
- Tuz ve taze çekilmiş karabiber
- 1 tarif Yumurtasız Makarna Hamuru
- 12 taze adaçayı yaprağı

Büyük bir tavada, 2 yemek kaşığı yağı orta ateşte ısıtın. Sarımsak, ıspanak ve enginar kalplerini ekleyin. Sarımsak yumuşayana ve sıvı emilene kadar örtün ve ara sıra karıştırarak yaklaşık 3 dakika pişirin. Karışımı bir mutfak robotuna aktarın. Tofu, $1/4$ su bardağı ceviz ekleyin, maydanoz ve tatmak için tuz ve karabiber. Kıyılana kadar işleyin ve iyice karıştırın.

Soğuması için kenara alın.

hafifçe unlanmış bir yüzeyde çok ince (yaklaşık $1/8$ inç) açın ve 2 inç genişliğinde şeritler halinde kesin. Bir makarna şeridine, üstten yaklaşık 1 inç yukarıda olacak şekilde 1 çay kaşığı dolusu doldurma koyun. Makarna şeridine, ilk doldurma kaşığının yaklaşık 1 inç altına başka bir çay kaşığı doldurun. Hamur şeridinin tüm uzunluğu boyunca tekrarlayın.

Hamurun kenarlarını suyla hafifçe ıslatın ve dolguyu kaplayacak şekilde ikinci bir makarna şeridini birincinin üzerine yerleştirin.

Doldurma bölümleri arasında iki hamur tabakasını birbirine bastırın. Düzleştirmek için hamurun kenarlarını kesmek için bir bıçak kullanın ve ardından kare ravioli yapmak için hamuru her bir dolgunun arasında kesin. Mantıyı kapatmak için hamurun kenarları boyunca bastırmak için bir çatalın dişlerini kullanın. Mantıyı unlanmış bir tabağa aktarın ve kalan hamur ve dolgu ile tekrarlayın.

Mantıyı büyük bir tencerede tuzlu suda kaynayana kadar yaklaşık 7 dakika pişirin. İyice süzün ve bir kenara koyun. Büyük bir tavada kalan $1/3$ su bardağı yağı orta ateşte ısıtın. Eklemek adaçayı ve kalan ¾ su bardağı ceviz ve adaçayı çıtır çıtır olana ve cevizler kokulu hale gelene kadar pişirin.

Pişmiş mantıyı ekleyin ve hafifçe karıştırarak pişirin, sosla kaplayın ve ısıtın. Hemen servis yapın.

47. Portakal Soslu Tortellini

4 porsiyon yapar

- 1 yemek kaşığı zeytinyağı
- 3 diş sarımsak, ince kıyılmış
- 1 su bardağı sert tofu, süzülmüş ve ufalanmış
- ¾ fincan kıyılmış taze maydanoz
- $1/4$ bardak vegan Parmesan veya Parmasio
- Tuz ve taze çekilmiş karabiber
- 1 tarif Yumurtasız Makarna Hamuru
- 2 $1/2$ su bardağı marinara sosu, ev yapımı (bkz. Marinara Sosu) veya mağazadan satın alınan 1 portakalın kabuğu
- $1/2$ çay kaşığı ezilmiş kırmızı biber
- $1/2$ fincan soya kreması veya sade şekersiz soya sütü

Büyük bir tavada, yağı orta ateşte ısıtın. Sarımsağı ekleyin ve yumuşayana kadar yaklaşık 1 dakika pişirin. Tofu, maydanoz, Parmesan ve tuz ve karabiberi tatmak için karıştırın. İyice karışana kadar karıştırın. Soğuması için kenara alın.

Tortellini yapmak için hamuru ince bir şekilde (yaklaşık $1/8$ inç) açın ve 2 $1/2$ inçlik kareler halinde kesin. Yer

1 tatlı kaşığı iç harcı tam ortasından ayırın ve makarna karesinin bir köşesini üçgen oluşturacak şekilde iç harcın üzerine katlayın. Mühürlemek için kenarları birbirine bastırın, ardından üçgeni orta noktası aşağı gelecek şekilde işaret parmağınızın etrafına sarın ve uçlarını birbirine yapışacak şekilde bastırın. Üçgenin ucunu aşağı katlayın ve parmağınızı kaydırın. Hafifçe

unlanmış bir tabağa alın ve kalan hamur ve dolgu ile devam edin.

Büyük bir tencerede marinara sosu, portakal kabuğu rendesi ve ezilmiş kırmızı biberi birleştirin. Sıcak olana kadar ısıtın, ardından soya kremasını ekleyin ve çok kısık ateşte sıcak tutun.

Kaynayan tuzlu suda, tortellinileri yaklaşık 5 dakika yukarı çıkana kadar pişirin. İyice süzün ve büyük bir servis kasesine aktarın. Sosu ekleyin ve birleştirmek için hafifçe atın. Hemen servis yapın.

48. Tofulu Sebze Lo Mein

4 porsiyon yapar

- 12 ons linguine
- 1 yemek kaşığı kızarmış susam yağı
- 3 yemek kaşığı soya sosu
- 2 yemek kaşığı kuru şeri
- 1 yemek kaşığı su
- bir tutam şeker
- 1 yemek kaşığı mısır nişastası
- 2 yemek kaşığı kanola veya üzüm çekirdeği yağı
- 1 pound ekstra sert tofu, süzülmüş ve doğranmış
- 1 orta boy soğan, ikiye bölünmüş ve ince dilimlenmiş
- 3 su bardağı küçük brokoli çiçeği
- 1 orta boy havuç, $1/4$ inçlik dilimler halinde kesin
- 1 su bardağı dilimlenmiş taze shiitake veya beyaz mantar
- 2 diş sarımsak, kıyılmış
- 2 çay kaşığı rendelenmiş taze zencefil
- 2 yeşil soğan, doğranmış

Büyük bir tencerede kaynayan tuzlu suda, linguine'i yumuşayana kadar ara sıra karıştırarak yaklaşık 10 dakika pişirin. İyice süzün ve bir kaseye aktarın. 1 çay kaşığı susam yağı ekleyin ve kaplamak için fırlatın. Kenara koyun.

Küçük bir kapta soya sosu, şeri, su, şeker ve kalan 2 çay kaşığı susam yağını birleştirin. Mısır nişastasını ekleyin ve çözünmesi için karıştırın. Kenara koyun.

Büyük bir tavada veya wok'ta 1 çorba kaşığı kanolayı orta-yüksek ateşte ısıtın. Tofu ekleyin ve yaklaşık 10 dakika altın rengi kahverengi olana kadar pişirin. Tavadan çıkarın ve bir kenara koyun.

Kalan kanola yağını aynı tavada tekrar ısıtın. Soğan, brokoli ve havucu ekleyin ve yumuşayana kadar yaklaşık 7 dakika karıştırarak kızartın. Mantar, sarımsak, zencefil ve yeşil soğanları ekleyin ve 2 dakika karıştırarak kızartın. Sosu ve pişmiş linguini ilave edin ve iyice karıştırmak için fırlatın. Isınana kadar pişirin. Tatlandırın, baharatları ayarlayın ve gerekirse daha fazla soya sosu ekleyin. Hemen servis yapın.

49. Pad Thai

4 porsiyon yapar

- 12 ons kuru pirinç eriştesi
- $1/3$ su bardağı soya sosu
- 2 yemek kaşığı taze limon suyu
- 2 yemek kaşığı açık kahverengi şeker
- 1 yemek kaşığı demirhindi ezmesi (baş nota bakın)
- 1 yemek kaşığı domates salçası
- 3 yemek kaşığı su
- $1/2$ çay kaşığı ezilmiş kırmızı biber
- 3 yemek kaşığı kanola veya üzüm çekirdeği yağı
- 1 pound ekstra sert tofu, süzülmüş, preslenmiş (Tofu'ya bakın) ve $1/2$ inçlik zarlar halinde kesilmiş
- 4 yeşil soğan, kıyılmış
- 2 diş sarımsak, kıyılmış
- $1/3$ su bardağı iri kıyılmış kuru kavrulmuş tuzsuz fıstık
- Süslemek için 1 su bardağı fasulye filizi
- Garnitür için dilimler halinde kesilmiş 1 kireç

Eriştelerin kalınlığına bağlı olarak 5 ila 15 dakika yumuşayana kadar büyük bir kase sıcak suda bekletin. İyice süzün ve soğuk su altında durulayın. Süzülmüş erişteleri büyük bir kaba aktarın ve bir kenara koyun.

Küçük bir kapta soya sosu, limon suyu, şeker, demirhindi salçası, domates salçası, su ve ezilmiş kırmızı biberi birleştirin. İyice karıştırmak için karıştırın ve bir kenara koyun.

Büyük bir tavada veya wok'ta 2 yemek kaşığı yağı orta ateşte ısıtın. Tofuyu ekleyin ve kızarana kadar yaklaşık

5 dakika karıştırarak kızartın. Bir tabağa aktarın ve kenara koyun.

Aynı tavada veya wok'ta kalan 1 yemek kaşığı yağı orta ateşte ısıtın. Soğanı ekleyin ve 1 dakika karıştırarak kızartın. Yeşil soğanları ve sarımsağı ekleyin, 30 saniye karıştırarak kızartın, ardından pişmiş tofuyu ekleyin ve ara sıra karıştırarak yaklaşık 5 dakika altın rengi kahverengi olana kadar pişirin. Pişmiş erişteleri ekleyin ve birleştirmek ve ısıtmak için fırlatın.

Sosu ilave edin ve pişirin, kaplamak için savurun, gerekirse bir veya iki su daha ekleyin d, yapışmasını önlemek için. Erişte sıcak ve yumuşak olduğunda, servis tabağına alın ve yer fıstığı ve kişniş serpin. Tabağın yan tarafında fasulye filizi ve limon dilimleri ile süsleyin. Sıcak servis yapın.

50. Tofu ile Sarhoş Spagetti

4 porsiyon yapar

- 12 ons spagetti
- 3 yemek kaşığı soya sosu
- 1 yemek kaşığı vejetaryen istiridye sosu (isteğe bağlı)
- 1 çay kaşığı açık kahverengi şeker
- 8 ons ekstra sert tofu, süzülmüş ve preslenmiş (bkz. Tofu)
- 2 yemek kaşığı kanola veya üzüm çekirdeği yağı
- 1 orta boy kırmızı soğan, ince dilimlenmiş
- 1 orta boy kırmızı dolmalık biber, ince dilimlenmiş
- 1 su bardağı kar bezelye, kesilmiş
- 2 diş sarımsak, kıyılmış
- $1/2$ çay kaşığı ezilmiş kırmızı biber
- 1 su bardağı taze Tay fesleğen yaprağı

Kaynayan tuzlu suda, spagettiyi orta-yüksek ateşte ara sıra karıştırarak al dente olana kadar yaklaşık 8 dakika pişirin. İyice süzün ve büyük bir kaseye aktarın. Küçük bir kapta soya sosu, kullanılıyorsa istiridye sosu ve şekeri birleştirin. İyice karıştırın, ardından ayrılmış spagettinin üzerine dökün ve kaplamak için fırlatın. Kenara koyun.

Tofuyu $1/2$ inçlik şeritler halinde kesin. Büyük bir tavada veya wok'ta 1 yemek kaşığı yağı orta-yüksek ateşte ısıtın. Tofu ekleyin ve altın rengi olana kadar yaklaşık 5 dakika pişirin. Tavadan çıkarın ve bir kenara koyun.

Tavayı tekrar ısıtın ve kalan 1 yemek kaşığı kanola yağını ekleyin. Soğanı, dolmalık biberi, kar bezelyesini, sarımsağı ve ezilmiş kırmızı biberi ekleyin. Sebzeler yumuşayana kadar yaklaşık 5 dakika karıştırarak kızartın. Pişmiş spagetti ve sos karışımını, pişmiş tofuyu ve fesleğeni ekleyin ve sıcak olana kadar yaklaşık 4 dakika karıştırarak kızartın.

SICAKLIK

51. Carbonara Tarzı Spagetti

4 porsiyon yapar

- 2 yemek kaşığı zeytinyağı
- 3 orta arpacık, kıyılmış
- 4 ons tempeh domuz pastırması, ev yapımı (bkz. Tempeh Bacon) veya mağazadan satın alınmış, doğranmış
- 1 su bardağı sade şekersiz soya sütü
- $1/2$ su bardağı yumuşak veya ipeksi tofu, süzülmüş
- $1/4$ bardak beslenme mayası
- Tuz ve taze çekilmiş karabiber
- 1 pound spagetti
- 3 yemek kaşığı kıyılmış taze maydanoz

Büyük bir tavada, yağı orta ateşte ısıtın. Arpacık ekleyin ve yumuşayana kadar yaklaşık 5 dakika pişirin. Tempeh pastırmasını ekleyin ve sık sık karıştırarak hafifçe kızarana kadar yaklaşık 5 dakika pişirin. Kenara koyun.

Bir karıştırıcıda soya sütü, tofu, besin mayası ve tuz ve karabiberi tatmak için birleştirin. Pürüzsüz olana kadar karıştır. Kenara koyun.

Kaynayan tuzlu suda büyük bir tencerede, spagettiyi orta-yüksek ateşte ara sıra karıştırarak al dente olana kadar yaklaşık 10 dakika pişirin. İyice süzün ve büyük bir servis kasesine aktarın. Tofu karışımını, $1/4$ bardak Parmesan'ı ve 2 yemek kaşığı tempeh pastırma karışımı hariç hepsini ekleyin.

Birleştirmek ve tatmak için hafifçe karıştırın, gerekirse baharatları ayarlayın ve çok kuruysa biraz daha soya sütü ekleyin. Üzerine birkaç öğütülmüş biber, kalan tempeh pastırması, kalan Parmesan ve maydanoz ekleyin. Hemen servis yapın.

51. Tempeh ve Sebze Tavada Kızartma

4 porsiyon yapar

- 10 ons tempeh
- Tuz ve taze çekilmiş karabiber
- 2 çay kaşığı mısır nişastası
- 4 su bardağı küçük brokoli çiçeği
- 2 yemek kaşığı kanola veya üzüm çekirdeği yağı
- 2 yemek kaşığı soya sosu
- 2 yemek kaşığı su
- 1 yemek kaşığı mirin
- $1/2$ çay kaşığı ezilmiş kırmızı biber
- 2 çay kaşığı kızarmış susam yağı
- 1 orta boy kırmızı dolmalık biber, $1/2$ inçlik dilimler halinde kesin
- 6 ons beyaz mantar, hafifçe durulanır, kurulanır ve $1/2$ inçlik dilimler halinde kesilir
- 2 diş sarımsak, kıyılmış
- 3 yemek kaşığı kıyılmış yeşil soğan
- 1 çay kaşığı rendelenmiş taze zencefil

Orta boy bir tencerede kaynayan su ile tempeh'i 30 dakika pişirin. Süzün, kurulayın ve soğumaya bırakın. Tempeyi $1/2$ inçlik küpler halinde kesin ve sığ bir kaseye koyun. Tuz ve karabiberle tatlandırın, mısır nişastası serpin ve kaplamak için fırlatın. Kenara koyun.

Brokoliyi neredeyse yumuşayana kadar yaklaşık 5 dakika hafifçe buharlayın. Pişirme işlemini durdurmak ve parlak yeşil rengi korumak için soğuk su altında çalıştırın. Kenara koyun.

Büyük bir tavada veya wok'ta 1 yemek kaşığı kanola yağını orta-yüksek ateşte ısıtın. Tempeh ekleyin ve kızarana kadar yaklaşık 5 dakika karıştırarak kızartın. Tavadan çıkarın ve bir kenara koyun.

Küçük bir kapta soya sosu, su, mirin, ezilmiş kırmızı biber ve susam yağını birleştirin. Kenara koyun.

Aynı tavayı orta-yüksek ateşte tekrar ısıtın. Kalan 1 yemek kaşığı kanola yağını ekleyin. Dolmalık biber ve mantarları ekleyin ve yumuşayana kadar yaklaşık 3 dakika karıştırarak kızartın. Sarımsak, yeşil soğan ve zencefili ekleyin ve 1 dakika karıştırarak kızartın. Haşlanmış brokoliyi ve kızartılmış tempeh'i ekleyin ve 1 dakika karıştırarak kızartın. Soya sosu karışımını ilave edin ve tempeh ve sebzeler sıcak olana ve sosla iyice kaplanana kadar karıştırarak kızartın. Hemen servis yapın.

52. Teriyaki Tempe

4 porsiyon yapar

- $1/4$ inçlik dilimler halinde kesilmiş 1 pound tempeh
- $1/4$ su bardağı taze limon suyu
- 1 çay kaşığı kıyılmış sarımsak
- 2 yemek kaşığı kıyılmış yeşil soğan
- 2 çay kaşığı rendelenmiş taze zencefil
- 1 yemek kaşığı şeker
- 2 yemek kaşığı kızarmış susam yağı
- 1 yemek kaşığı mısır nişastası
- 2 yemek kaşığı su
- 2 yemek kaşığı kanola veya üzüm çekirdeği yağı

Orta boy bir tencerede kaynayan su ile tempeh'i 30 dakika pişirin. Boşaltın ve büyük, sığ bir tabağa koyun. Küçük bir kapta soya sosu, limon suyu, sarımsak, yeşil soğan, zencefil, şeker, susam yağı, mısır nişastası ve suyu birleştirin. İyice karıştırın ve ardından turşuyu pişmiş tempeh üzerine dökün ve kaplamak için çevirin. Tempeh'i 1 saat marine edin.

Büyük bir tavada kanola yağını orta ateşte ısıtın. Turşuyu ayırarak tempeh'i turşudan çıkarın. Tempeh'i sıcak tavaya ekleyin ve her iki tarafı da yaklaşık 4 dakika altın rengi kahverengi olana kadar pişirin. Ayrılmış turşuyu ekleyin ve sıvı kalınlaşana kadar yaklaşık 8 dakika pişirin. Hemen servis yapın.

53. Mangalda Tempe

4 porsiyon yapar

- 2 inçlik çubuklar halinde kesilmiş 1 pound tempeh
- 2 yemek kaşığı zeytinyağı
- 1 orta boy soğan, kıyılmış
- 1 orta boy kırmızı dolmalık biber, kıyılmış
- 2 diş sarımsak, kıyılmış
- (14.5 ons) ezilmiş domates olabilir
- 2 yemek kaşığı koyu pekmez
- 2 yemek kaşığı elma sirkesi
- yemek kaşığı soya sosu
- 2 çay kaşığı baharatlı kahverengi hardal
- 1 yemek kaşığı şeker
- $1/2$ çay kaşığı tuz
- $1/4$ çay kaşığı öğütülmüş yenibahar
- $1/4$ çay kaşığı öğütülmüş kırmızı biber

Orta boy bir tencerede kaynayan su ile tempeh'i 30 dakika pişirin. Süzün ve bir kenara koyun.

Büyük bir tencerede, 1 yemek kaşığı yağı orta ateşte ısıtın. Soğan, dolmalık biber ve sarımsağı ekleyin. Örtün ve yumuşayana kadar yaklaşık 5 dakika pişirin. Domates, pekmez, sirke, soya sosu, hardal, şeker, tuz, yenibahar ve kırmızı biberi ilave edip kaynatın. Isıyı düşük seviyeye indirin ve üstü açık olarak 20 dakika pişirin.

Büyük bir tavada kalan 1 yemek kaşığı yağı orta ateşte ısıtın. Tempeh ekleyin ve bir kez çevirerek yaklaşık 10 dakika altın rengi kahverengi olana kadar pişirin. Tempeh'i cömertçe kaplayacak kadar sos ekleyin. Tatları karıştırmak için örtün ve yaklaşık 15 dakika pişirin. Hemen servis yapın.

54. Portakal-Bourbon Tempeh

4 ila 6 porsiyon yapar

- 2 bardak su
- $1/2$ su bardağı soya sosu
- ince dilim taze zencefil
- 2 diş sarımsak, dilimlenmiş
- 1 pound tempeh, ince dilimler halinde kesin
- Tuz ve taze çekilmiş karabiber
- $1/4$ su bardağı kanola veya üzüm çekirdeği yağı
- 1 yemek kaşığı açık kahverengi şeker
- $1/8$ çay kaşığı öğütülmüş yenibahar
- $1/3$ su bardağı taze portakal suyu
- $1/4$ bardak burbon veya 5 portakal dilimi, ikiye bölünmüş
- 2 yemek kaşığı su ile karıştırılmış 1 yemek kaşığı mısır nişastası

Büyük bir tencerede su, soya sosu, zencefil, sarımsak ve portakal kabuğu rendesini birleştirin. Tempeh'i turşunun içine koyun ve kaynatın. Isıyı düşük seviyeye indirin ve 30 dakika pişirin. Turşuyu ayırarak tempeh'i turşudan çıkarın. Tempeh'i tatmak için tuz ve karabiber serpin. Unu sığ bir kaseye koyun. Pişmiş tempeh'i una bulayın ve bir kenara koyun.

Büyük bir tavada, yağı orta ateşte ısıtın. Gerekirse tempeh'i partiler halinde ekleyin ve her iki tarafı da yaklaşık 4 dakika kızarana kadar pişirin. Ayrılmış turşuyu yavaş yavaş karıştırın. Şeker, yenibahar, portakal suyu ve burbonu ekleyin. Tempeh'i portakal dilimleri ile doldurun. Örtün ve sos şurup haline gelene ve tatlar eriyene kadar yaklaşık 20 dakika pişirin.

Bir oluklu kaşık veya spatula kullanarak tempeh'i tavadan çıkarın ve servis tabağına aktarın. Sıcak tutun. Mısır nişastası karışımını sosa ekleyin ve koyulaşana kadar karıştırarak pişirin. Isıyı düşük seviyeye indirin ve üstü kapalı olarak sürekli karıştırarak sos kalınlaşana kadar pişirin. Sosu tempeh üzerine dökün ve hemen servis yapın.

55. Tempeh ve Tatlı Patates

4 porsiyon yapar

- 1 pound tempeh
- 2 yemek kaşığı soya sosu
- 1 çay kaşığı öğütülmüş kişniş
- $1/2$ çay kaşığı zerdeçal
- 2 yemek kaşığı zeytinyağı
- 3 büyük arpacık, doğranmış
- 1 veya 2 orta boy tatlı patates, soyulmuş ve $1/2$ inç zar şeklinde kesilmiş
- 2 çay kaşığı rendelenmiş taze zencefil
- 1 bardak ananas suyu
- 2 çay kaşığı açık kahverengi şeker
- 1 misket limonunun suyu

Orta boy bir tencerede kaynayan su ile tempeh'i 30 dakika pişirin. Sığ bir kaseye aktarın. Üzerine 2 yemek kaşığı soya sosu, kişniş ve zerdeçal ekleyin. Kenara koyun.

Büyük bir tavada, 1 çorba kaşığı yağı orta ateşte ısıtın. Tempeh ekleyin ve her iki tarafta yaklaşık 4 dakika kızarana kadar pişirin. Tavadan çıkarın ve bir kenara koyun.

Aynı tavada kalan 2 yemek kaşığı yağı orta ateşte ısıtın. Arpacık soğanı ve tatlı patatesleri ekleyin. Örtün ve hafifçe yumuşayana ve hafifçe kızarana kadar yaklaşık 10 dakika pişirin. Zencefili, ananas suyunu, kalan 1 çorba kaşığı soya sosu ve şekeri ilave ederek karıştırın. Ateşi kısın, pişmiş tempeh'i ekleyin, üzerini kapatın ve patatesler yumuşayana kadar yaklaşık 10 dakika pişirin. Tempe ve tatlı patatesleri servis tabağına alın ve sıcak tutun. Limon suyunu sosa ilave edin ve tatların karışması için 1 dakika pişirin. Sosu tempeh üzerine gezdirin ve hemen servis yapın.

56. Creole Tempeh

4 ila 6 porsiyon yapar

- $1/4$ inçlik dilimler halinde kesilmiş 1 pound tempeh
- $1/4$ su bardağı soya sosu
- 2 yemek kaşığı Creole baharatı
- $1/2$ su bardağı çok amaçlı un
- 2 yemek kaşığı zeytinyağı
- 1 orta boy tatlı sarı soğan, doğranmış
- 2 kereviz sapı, doğranmış
- 1 orta boy yeşil biber, doğranmış
- 3 diş sarımsak, kıyılmış
- 1 (14,5 ons) doğranmış domates, süzülmüş olabilir
- 1 çay kaşığı kuru kekik
- $1/2$ su bardağı sek beyaz şarap
- Tuz ve taze çekilmiş karabiber

Tempeh'i, üzerini örtecek kadar suyla büyük bir tencereye koyun. Soya sosu ve 1 yemek kaşığı Creole çeşnisini ekleyin. Örtün ve 30 dakika pişirin. Tempeh'i sıvıdan çıkarın ve sıvıyı ayırarak bir kenara koyun.

Sığ bir kapta unu kalan 2 yemek kaşığı Creole baharatıyla birleştirin ve iyice karıştırın. Tempeyi un karışımına bulayın, iyice kaplayın. Büyük bir tavada, 1 çorba kaşığı yağı orta ateşte ısıtın. Taranan tempeh'i ekleyin ve her iki tarafı da yaklaşık 4 dakika kızarana kadar pişirin. Tempeh'i tavadan çıkarın ve bir kenara koyun.

Aynı tavada kalan 1 yemek kaşığı yağı orta ateşte ısıtın. Soğan, kereviz, dolmalık biber ve sarımsağı ekleyin. Örtün ve sebzeler yumuşayana kadar yaklaşık 10 dakika pişirin. Domatesleri ilave edin, ardından kekik, şarap ve 1 bardak ayrılmış kaynayan sıvı ile birlikte tempeh'i tekrar tavaya ekleyin. Tatmak için tuz ve karabiber ekleyin. Bir kaynamaya getirin ve sıvıyı azaltmak ve tatları karıştırmak için yaklaşık 30 dakika boyunca üstü açık olarak pişirin. Hemen servis yapın.

57. Limonlu ve Kaparili Tempe

4 ila 6 porsiyon yapar

- 1 pound tempeh, yatay olarak $1/4$ inçlik dilimler halinde kesin
- $1/2$ su bardağı soya sosu
- $1/2$ su bardağı çok amaçlı un
- Tuz ve taze çekilmiş karabiber
- 2 yemek kaşığı zeytinyağı
- 2 orta arpacık, kıyılmış
- 2 diş sarımsak, kıyılmış
- 2 yemek kaşığı kapari
- $1/2$ su bardağı sek beyaz şarap
- $1/2$ su bardağı sebze suyu, ev yapımı (bkz. Hafif Sebze Suyu) veya mağazadan satın alınmış
- 2 yemek kaşığı bitkisel margarin
- 1 limon suyu
- 2 yemek kaşığı kıyılmış taze maydanoz

Tempeh'i, üzerini örtecek kadar suyla büyük bir tencereye koyun. Soya sosu ekleyin ve 30 dakika pişirin. Tempeh'i tencereden çıkarın ve soğumaya bırakın. Sığ bir kapta, unu ve tuzu ve karabiberi tatmak için birleştirin. Tempeyi her iki tarafını da kaplayacak şekilde un karışımına bulayın. Kenara koyun.

Büyük bir tavada, 2 yemek kaşığı yağı orta ateşte ısıtın. Gerekirse tempeh'i partiler halinde ekleyin ve her iki tarafı da kızarana kadar toplamda yaklaşık 8 dakika pişirin. Tempeh'i tavadan çıkarın ve bir kenara koyun.

Aynı tavada kalan 1 yemek kaşığı yağı orta ateşte ısıtın. Arpacık ekleyin ve yaklaşık 2 dakika pişirin. Sarımsağı ekleyin, ardından kapari, şarap ve et suyunu ilave edin. Tempeh'i tavaya geri koyun ve 6 ila 8 dakika pişirin. Margarini eritmek için margarini, limon suyunu ve maydanozu ilave edip karıştırın. Hemen servis yapın.

58. Akçaağaç ve Balzamik Sırlı Tempeh

4 porsiyon yapar

- 2 inçlik çubuklar halinde kesilmiş 1 pound tempeh
- 2 yemek kaşığı balzamik sirke
- 2 yemek kaşığı saf akçaağaç şurubu
- 1/2 yemek kaşığı baharatlı kahverengi hardal
- 1 çay kaşığı Tabasco sosu
- 1 yemek kaşığı zeytinyağı
- 2 diş sarımsak, kıyılmış
- 1/2 su bardağı sebze suyu, ev yapımı (bkz. Hafif Sebze Suyu) veya mağazadan satın alınmış Tuz ve taze çekilmiş karabiber

Orta boy bir tencerede kaynayan su ile tempeh'i 30 dakika pişirin. Süzün ve kurulayın.

Küçük bir kapta sirke, akçaağaç şurubu, hardal ve Tabasco'yu birleştirin. Kenara koyun.

Büyük bir tavada, yağı orta ateşte ısıtın. Tempeh ekleyin ve her iki tarafı da kızarana kadar bir kez çevirerek, her bir tarafta yaklaşık 4 dakika pişirin. Sarımsağı ekleyin ve 30 saniye daha pişirin.

Et suyunu ve tadına bakmak için tuz ve karabiberi karıştırın. Isıyı orta-yüksek seviyeye yükseltin ve üstü açık olarak yaklaşık 3 dakika veya sıvı neredeyse buharlaşana kadar pişirin.

Ayrılmış hardal karışımını ekleyin ve 1 ila 2 dakika pişirin, tempeh'i sosla kaplayın ve güzelce sırlayın. Yanmamaya dikkat edin. Hemen servis yapın.

59. Cazip Tempeh Chili

4 ila 6 porsiyon yapar

- 1 pound tempeh
- 1 yemek kaşığı zeytinyağı
- 1 orta boy sarı soğan, doğranmış
- 1 orta boy yeşil biber, doğranmış
- 2 diş sarımsak, kıyılmış
- yemek kaşığı biber tozu
- 1 çay kaşığı kurutulmuş kekik
- 1 çay kaşığı öğütülmüş kimyon
- (28 ons) ezilmiş domates olabilir
- $1/2$ su bardağı su, artı gerekirse daha fazlası
- $1/2$ bardak pişmiş veya 1 (15,5 ons) konserve barbunya fasulyesi, süzülmüş ve durulanmış
- 1 (4 ons) hafif yeşil biberleri doğrayabilir, süzebilir
- Tuz ve taze çekilmiş karabiber
- 2 yemek kaşığı kıyılmış taze kişniş

Orta boy bir tencerede kaynayan su ile tempeh'i 30 dakika pişirin. Süzün ve soğumaya bırakın, ardından ince ince doğrayın ve bir kenara koyun.

Büyük bir tencerede yağı ısıtın. Soğanı, dolmalık biberi ve sarımsağı ekleyin, üzerini kapatın ve yaklaşık 5 dakika yumuşayana kadar pişirin. Tempeh'i ekleyin ve üstü açık olarak altın rengi olana kadar yaklaşık 5 dakika pişirin. Biber tozu, kekik ve kimyon ekleyin. Domates, su, fasulye ve biberleri karıştırın. Tatmak için tuz ve karabiber ekleyin. Birleştirmek için iyice karıştırın.

Bir kaynamaya getirin, ardından ısıyı düşük seviyeye indirin, örtün ve ara sıra karıştırarak, gerekirse biraz daha su ekleyerek 45 dakika pişirin.
Kişniş serpin ve hemen servis yapın.

60. Tempeh Cacciatore

4 ila 6 porsiyon yapar

- 1 pound tempeh, ince dilimlenmiş kesilmiş
- 2 yemek kaşığı kanola veya üzüm çekirdeği yağı
- $1/2$ inçlik zarlar halinde kesin
- $1/2$ inçlik zarlar halinde kesin
- orta boy havuç, $1/4$ inçlik dilimler halinde kesin
- 2 diş sarımsak, kıyılmış
- 1 (28 ons) doğranmış domates, süzülmüş olabilir
- $1/4$ su bardağı sek beyaz şarap
- 1 çay kaşığı kurutulmuş kekik
- 1 çay kaşığı kuru fesleğen
- Tuz ve taze çekilmiş karabiber

Orta boy bir tencerede kaynayan su ile tempeh'i 30 dakika pişirin. Süzün ve kurulayın.

Büyük bir tavada, 1 çorba kaşığı yağı orta ateşte ısıtın. Tempeh ekleyin ve her iki tarafta kızarana kadar toplamda 8 ila 10 dakika pişirin. Tavadan çıkarın ve bir kenara koyun.

Aynı tavada kalan 1 yemek kaşığı yağı orta ateşte ısıtın. Soğan, dolmalık biber, havuç ve sarımsağı ekleyin. Örtün ve yaklaşık 5 dakika yumuşayana kadar pişirin. Tatmak için domates, şarap, kekik, fesleğen ve tuz ve karabiber ekleyin ve kaynatın. Isıyı düşürün, ayrılmış tempeh'i ekleyin ve sebzeler yumuşayana ve tatlar iyi bir şekilde birleşene kadar yaklaşık 30 dakika üstü açık olarak pişirin. Hemen servis yapın.

61. Hindistan Cevizi Soslu Endonezya Tempeh

4 ila 6 porsiyon yapar

- $1/4$ inçlik dilimler halinde kesilmiş 1 pound tempeh
- 2 yemek kaşığı kanola veya üzüm çekirdeği yağı
- 1 orta boy sarı soğan, doğranmış
- 3 diş sarımsak, kıyılmış
- 1 orta boy kırmızı dolmalık biber, doğranmış
- 1 orta boy yeşil biber, doğranmış
- 1 veya 2 küçük Serrano veya diğer taze acı biber, tohumlanmış ve kıyılmış
- 1 (14,5 ons) doğranmış domates, süzülmüş olabilir
- 1 (13,5 ons) şekersiz hindistan cevizi sütü olabilir
- Tuz ve taze çekilmiş karabiber
- $1/2$ su bardağı tuzsuz kavrulmuş fıstık, öğütülmüş veya ezilmiş
- Garnitür için 2 yemek kaşığı kıyılmış taze kişniş

Orta boy bir tencerede kaynayan su ile tempeh'i 30 dakika pişirin. Süzün ve kurulayın.

Büyük bir tavada, 1 çorba kaşığı yağı orta ateşte ısıtın. Tempeh'i ekleyin ve her iki tarafta yaklaşık 10 dakika altın rengi kahverengi olana kadar pişirin. Tavadan çıkarın ve bir kenara koyun.

Aynı tavada kalan 1 yemek kaşığı yağı orta ateşte ısıtın. Soğan, sarımsak, kırmızı ve yeşil biber ve chiles ekleyin. Örtün ve yumuşayana kadar yaklaşık 5 dakika pişirin. Domates ve hindistancevizi sütünü karıştırın. Isıyı düşürün, ayrılmış tempeh'i ekleyin, tadına bakmak için tuz ve karabiber ekleyin ve üstü açık olarak, sos hafifçe azalana kadar yaklaşık 30 dakika pişirin. Fıstık ve kişniş serpin ve hemen servis yapın.

62. Zencefil-Fıstık Tempeh

4 porsiyon yapar

- $1/2$ inç zar halinde kesilmiş 1 pound tempeh
- 2 yemek kaşığı kanola veya üzüm çekirdeği yağı
- $1/2$ inçlik zarlar halinde kesin
- 3 diş sarımsak, kıyılmış
- küçük demet yeşil soğan, doğranmış
- 2 yemek kaşığı rendelenmiş taze zencefil
- 2 yemek kaşığı soya sosu
- 1 yemek kaşığı şeker
- $1/4$ çay kaşığı ezilmiş kırmızı biber
- 1 yemek kaşığı mısır nişastası
- 1 bardak su
- 1 su bardağı dövülmüş tuzsuz kavrulmuş fıstık
- 2 yemek kaşığı kıyılmış taze kişniş

Orta boy bir tencerede kaynayan su ile tempeh'i 30 dakika pişirin. Süzün ve kurulayın. Büyük bir tavada veya wok'ta yağı orta ateşte ısıtın. Tempeh ekleyin ve hafifçe kızarana kadar yaklaşık 8 dakika pişirin. Dolmalık biber ekleyin ve yumuşayana kadar yaklaşık 5 dakika karıştırarak kızartın. Sarımsak, yeşil soğan ve zencefili ekleyin ve 1 dakika kokulu olana kadar karıştırın.

Küçük bir kapta soya sosu, şeker, ezilmiş kırmızı biber, mısır nişastası ve suyu birleştirin. İyice karıştırdıktan sonra tavaya dökün. Hafifçe koyulaşana kadar 5 dakika karıştırarak pişirin. Fıstık ve kişniş karıştırın. Hemen servis yapın.

63. Patates ve Lahana ile Tempe

4 porsiyon yapar

- $1/2$ inç zar halinde kesilmiş 1 pound tempeh
- 2 yemek kaşığı kanola veya üzüm çekirdeği yağı
- 1 orta boy sarı soğan, doğranmış
- 1 orta boy havuç, doğranmış
- $1\ 1/2$ yemek kaşığı tatlı Macar kırmızı biberi
- 2 orta boy rus patates, soyulmuş ve $1/2$ inçlik zarlar halinde kesilmiş
- 3 su bardağı kıyılmış lahana
- 1 (14,5 ons) doğranmış domates, süzülmüş olabilir
- $1/4$ su bardağı sek beyaz şarap
- 1 su bardağı sebze suyu, ev yapımı (Hafif Sebze Suyu'na bakın) veya mağazadan satın alınmış Tuz ve taze çekilmiş karabiber
- $1/2$ fincan vegan ekşi krema, ev yapımı (bkz. Tofu Ekşi Krema) veya mağazadan satın alınmış (isteğe bağlı)

Orta boy bir tencerede kaynayan su ile tempeh'i 30 dakika pişirin. Süzün ve kurulayın.

Büyük bir tavada, 1 çorba kaşığı yağı orta ateşte ısıtın. Tempeh'i ekleyin ve her iki tarafta yaklaşık 10 dakika altın rengi kahverengi olana kadar pişirin. Tempeh'i çıkarın ve bir kenara koyun.

Aynı tavada kalan 1 yemek kaşığı yağı orta ateşte ısıtın. Soğanı ve havucu ekleyin, üzerini kapatın ve yaklaşık 10 dakika yumuşayana kadar pişirin. Kırmızı biber, patates, lahana, domates, şarap ve et suyunu ilave edip kaynatın. Tatmak için tuz ve karabiber ekleyin

Isıyı ortama düşürün, tempeh ekleyin ve üstü açık olarak 30 dakika veya sebzeler yumuşayana ve tatlar karışana kadar pişirin. Kullanıyorsanız ekşi kremayı çırpın ve hemen servis yapın.

64. Güney Succotash Yahnisi

4 porsiyon yapar

- 10 ons tempeh
- 2 yemek kaşığı zeytinyağı
- 1 büyük tatlı sarı soğan, ince kıyılmış
- 2 orta boy rus patates, soyulmuş ve $1/2$ inçlik zarlar halinde kesilmiş
- 1 (14,5 ons) doğranmış domates, süzülmüş olabilir
- 1 (16 ons) paket dondurulmuş sükkota
- 2 bardak sebze suyu, ev yapımı (bkz. Hafif Sebze Suyu) veya mağazadan satın alınmış veya su
- 2 yemek kaşığı soya sosu
- 1 çay kaşığı kuru hardal
- 1 çay kaşığı şeker
- $1/2$ çay kaşığı kuru kekik
- $1/2$ çay kaşığı öğütülmüş yenibahar
- $1/4$ çay kaşığı öğütülmüş kırmızı biber
- Tuz ve taze çekilmiş karabiber

Orta boy bir tencerede kaynayan su ile tempeh'i 30 dakika pişirin. Süzün, kurulayın ve 1 inçlik zarlar halinde kesin.

Büyük bir tavada, 1 çorba kaşığı yağı orta ateşte ısıtın. Tempeyi ekleyin ve her iki tarafı da kızarana kadar yaklaşık 10 dakika pişirin. Kenara koyun.

Büyük bir tencerede, kalan 1 yemek kaşığı yağı orta ateşte ısıtın. Soğanı ekleyin ve yumuşayana kadar 5 dakika pişirin. Patates, havuç, domates, succotash, et suyu, soya sosu, hardal, şeker, kekik, yenibahar ve acıyı ekleyin. Tatmak için tuz ve karabiber ekleyin. Bir kaynamaya getirin, ardından ısıyı düşürün ve tempeh ekleyin. Sebzeler yumuşayıncaya kadar, ara sıra karıştırarak yaklaşık 45 dakika kapağı kapalı olarak pişirin.

Güveç pişmeden yaklaşık 10 dakika önce sıvı dumanı ilave edin. Tadına bakın, gerekirse baharatları ayarlayın

Hemen servis yapın.

65. Fırında Jambalaya Güveç

4 porsiyon yapar

- 10 ons tempeh
- 2 yemek kaşığı zeytinyağı
- 1 orta boy sarı soğan, doğranmış
- 1 orta boy yeşil biber, doğranmış
- 2 diş sarımsak, kıyılmış
- 1 (28 ons) doğranmış domates, süzülmemiş olabilir
- $^1/_2$ su bardağı beyaz pirinç
- 1/2 su bardağı sebze suyu, ev yapımı (bkz. Hafif Sebze Suyu) veya mağazadan satın alınmış veya su
- 1 $^1/_2$ bardak pişmiş veya 1 (15,5 ons) kutu koyu kırmızı barbunya fasulyesi, süzülmüş ve durulanmış
- 1 yemek kaşığı kıyılmış taze maydanoz
- 1 $/_2$ çay kaşığı Cajun baharatı
- 1 çay kaşığı kuru kekik
- $^1/_2$ çay kaşığı tuz
- $^1/_4$ çay kaşığı taze çekilmiş karabiber

Orta boy bir tencerede kaynayan su ile tempeh'i 30 dakika pişirin. Süzün ve kurulayın. $^1/_{2\ inç\ zar}$ halinde kesin . Fırını 350 ° F'ye ısıtın.

Büyük bir tavada, 1 çorba kaşığı yağı orta ateşte ısıtın. Tempeh ekleyin ve her iki tarafı da kızarana kadar yaklaşık 8 dakika pişirin. Tempeh'i 9 x 13 inçlik bir pişirme kabına aktarın ve bir kenara koyun.

Aynı tavada kalan 1 yemek kaşığı yağı orta ateşte ısıtın. Soğan, dolmalık biber ve sarımsağı ekleyin. Örtün ve sebzeler yumuşayana kadar yaklaşık 7 dakika pişirin.

Sebze karışımını tempeh ile pişirme kabına ekleyin. Domatesleri sıvıları, pirinç, et suyu, barbunya, maydanoz, Cajun baharatı, kekik, tuz ve karabiberle karıştırın. İyice karıştırın, ardından sıkıca kapatın ve pirinç yumuşayana kadar yaklaşık 1 saat pişirin. Hemen servis yapın.

66. Tempeh ve Tatlı Patates Turtası

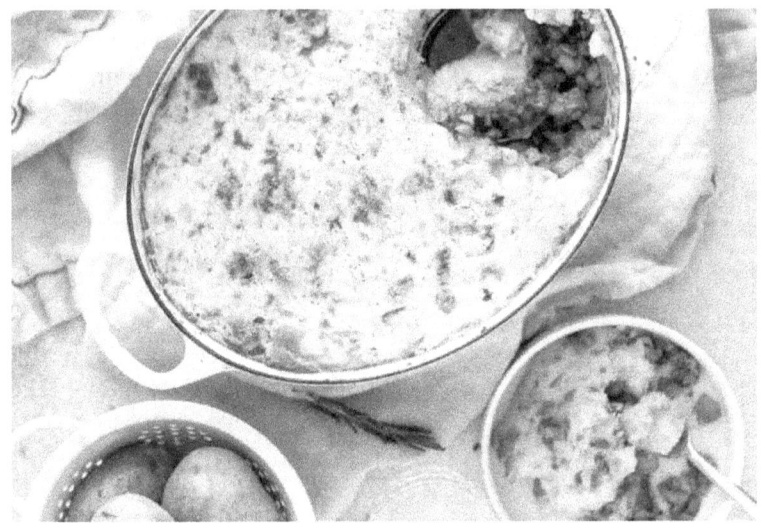

4 porsiyon yapar

- 8 ons tempeh
- 3 orta boy tatlı patates, soyulmuş ve $1/2$ inçlik zarlar halinde kesilmiş
- 2 yemek kaşığı bitkisel margarin
- $1/4$ fincan şekersiz sade soya sütü
- Tuz ve taze çekilmiş karabiber
- 2 yemek kaşığı zeytinyağı
- 1 orta boy sarı soğan, ince kıyılmış
- 2 orta boy havuç, doğranmış
- 1 su bardağı donmuş bezelye, çözülmüş
- 1 su bardağı dondurulmuş mısır taneleri, çözülmüş
- 1 $1/2$ su bardağı Mantar Sosu
- $1/2$ çay kaşığı kuru kekik

Orta boy bir tencerede kaynayan su ile tempeh'i 30 dakika pişirin. Süzün ve kurulayın. Tempeh'i ince doğrayın ve bir kenara koyun.

Tatlı patatesleri yumuşayana kadar yaklaşık 20 dakika buharda pişirin. Fırını 350 ° F'ye ısıtın. Tatlı patatesleri margarin, soya sütü ve tatmak için tuz ve karabiberle ezin. Kenara koyun.

Büyük bir tavada, 1 çorba kaşığı yağı orta ateşte ısıtın. Soğanı ve havuçları ekleyin, üzerini kapatın ve yumuşayana kadar yaklaşık 10 dakika pişirin. 10 inçlik bir fırın tepsisine aktarın.

Aynı tavada kalan 1 yemek kaşığı yağı orta ateşte ısıtın. Tempeh ekleyin ve her iki tarafı da kızarana kadar 8 ila 10 dakika pişirin. Tempeyi soğan ve havuçla birlikte fırın tepsisine ekleyin. Bezelye, mısır ve mantar sosunu karıştırın. Tatmak için kekik ve tuz ve karabiber ekleyin. Birleştirmek için karıştırın.

Püre haline getirilmiş tatlı patatesleri tavanın kenarlarına eşit şekilde yaymak için bir spatula kullanarak üstüne yayın. Patatesler hafifçe kızarana ve dolgu sıcak olana kadar yaklaşık 40 dakika pişirin. Hemen servis yapın.

67. Patlıcan ve Tempe Doldurulmuş Makarna

4 porsiyon yapar

- 8 ons tempeh
- 1 orta boy patlıcan
- 12 adet büyük boy makarna
- 1 diş sarımsak, ezilmiş
- $1/4$ çay kaşığı öğütülmüş kırmızı biber
- Tuz ve taze çekilmiş karabiber
- Kuru baharatsız ekmek kırıntıları
- 3 su bardağı marinara sosu, ev yapımı (bkz. Marinara Sosu) veya mağazadan satın alınmış

Orta boy bir tencerede kaynayan su ile tempeh'i 30 dakika pişirin. Süzün ve soğuması için kenara alın.

Fırını 450 ° F'ye önceden ısıtın. Patlıcanı çatalla delin ve hafifçe yağlanmış bir fırın tepsisinde yaklaşık 45 dakika yumuşayana kadar pişirin.

Patlıcan pişerken, makarna kabuklarını kaynayan tuzlu suda ara sıra karıştırarak al dente kadar yaklaşık 7 dakika pişirin. Süzün ve soğuk su altında çalıştırın. Kenara koyun.

Patlıcanı fırından çıkarın, uzunlamasına ikiye bölün ve içindeki sıvıyı boşaltın. Fırın sıcaklığını 350°F'ye düşürün. 9 x 13 inçlik bir fırın tepsisini hafifçe yağlayın. Bir mutfak robotunda, sarımsağı ince bir şekilde öğütülene kadar işleyin. Tempeh ekleyin ve iri taneli olana kadar nabız atın. Patlıcan posasını kabuğundan sıyırın ve tempeh ve sarımsakla birlikte mutfak robotuna ekleyin. Arnavut biberini ekleyin, tatlandırmak için tuz ve karabiber ekleyin ve birleştirmek için nabız atın. Dolgu gevşekse, biraz galeta unu ekleyin.

Hazırlanan pişirme kabının tabanına bir kat domates sosu yayın. Dolguyu iyice paketlenene kadar kabuklara doldurun.

Kabukları sosun üzerine dizin ve kalan sosu kabukların üzerine ve çevresine dökün. Folyo ile örtün ve yaklaşık 30 dakika sıcak olana kadar pişirin. Ortaya çıkarın, Parmesan serpin ve 10 dakika daha pişirin. Hemen servis yapın.

68. Tempeh ile Singapur Eriştesi

4 porsiyon yapar

- 8 ons tempeh, $1/2$ inçlik zarlar halinde kesin
- 8 ons pirinç şehriye
- 1 yemek kaşığı kızarmış susam yağı
- 2 yemek kaşığı kanola veya üzüm çekirdeği yağı
- 4 yemek kaşığı soya sosu
- $1/3$ su bardağı kremalı fıstık ezmesi
- $1/2$ su bardağı şekersiz hindistan cevizi sütü
- $1/2$ bardak su
- 1 yemek kaşığı taze limon suyu
- 1 çay kaşığı açık kahverengi şeker
- $1/2$ çay kaşığı öğütülmüş kırmızı biber
- 1 orta boy kırmızı dolmalık biber, doğranmış
- 3 su bardağı kıyılmış lahana
- 3 diş sarımsak
- 1 su bardağı kıyılmış yeşil soğan
- 2 çay kaşığı rendelenmiş taze zencefil
- 1 su bardağı donmuş bezelye, çözülmüş
- Tuz
- $1/4$ su bardağı kıyılmış tuzsuz kavrulmuş fıstık
- Garnitür için 2 yemek kaşığı kıyılmış taze kişniş

Orta boy bir tencerede kaynayan su ile tempeh'i 30 dakika pişirin. Süzün ve kurulayın. Pirinç eriştesini büyük bir kase sıcak suda yumuşayana kadar yaklaşık 5 dakika bekletin. İyice süzün, durulayın ve büyük bir kaseye aktarın. Susam yağı ile atın ve bir kenara koyun.

Büyük bir tavada 1 çorba kaşığı kanola yağını orta-yüksek ateşte ısıtın. Pişmiş tempeh ekleyin ve her tarafı kızarana kadar pişirin, renk ve lezzet katmak için 1 yemek kaşığı soya sosu ekleyin. Tempeh'i tavadan çıkarın ve bir kenara koyun.

Bir blender veya mutfak robotunda fıstık ezmesi, hindistan cevizi sütü, su, limon suyu, şeker, kırmızı biber ve kalan 3 yemek kaşığı soya sosunu birleştirin. Pürüzsüz olana kadar işleyin ve bir kenara koyun.

Büyük bir tavada kalan 1 yemek kaşığı kanola yağını orta-yüksek ateşte ısıtın. Dolmalık biber, lahana, sarımsak, yeşil soğan ve zencefili ekleyin ve ara sıra karıştırarak yumuşayana kadar yaklaşık 10 dakika pişirin. Isıyı düşük seviyeye indirin; bezelye, esmer tempeh ve yumuşatılmış erişteleri karıştırın. Sosu karıştırın, tadına tuz ekleyin ve sıcak olana kadar pişirin.

Büyük bir servis kasesine aktarın, kıyılmış fıstık ve kişniş ile süsleyin ve servis yapın.

69. Pastırma Tempe

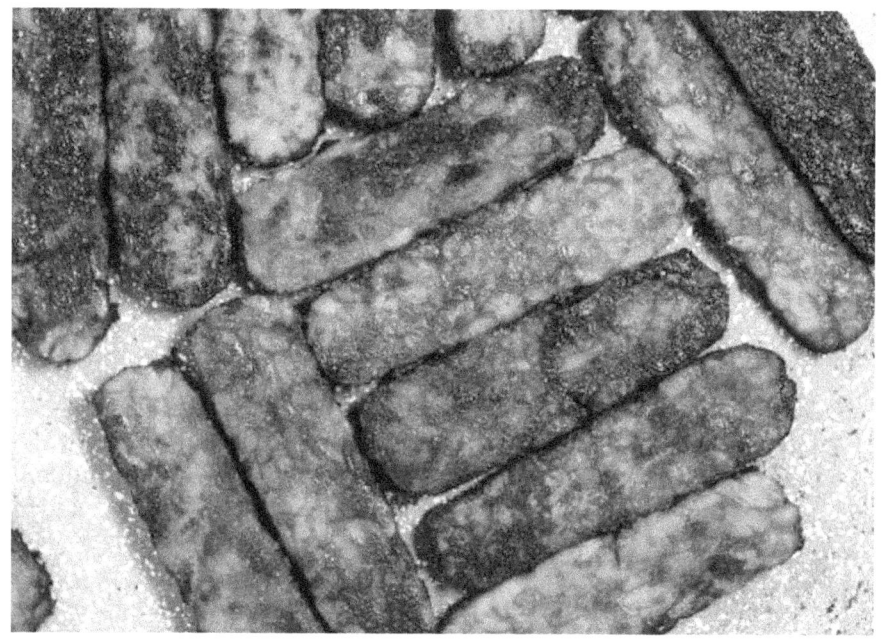

4 porsiyon yapar

6 ons tempeh
2 yemek kaşığı kanola veya üzüm çekirdeği yağı
2 yemek kaşığı soya sosu
$1/2$ çay kaşığı sıvı duman

Orta boy bir tencerede kaynayan su ile tempeh'i 30 dakika pişirin. Soğuması için bir kenara koyun, ardından kurulayın ve $1/8$ inçlik şeritler halinde kesin.

Büyük bir tavada, yağı orta ateşte ısıtın. Tempeh dilimlerini ekleyin ve her iki tarafı da yaklaşık 3 dakika kızarana kadar kızartın. Sıçramamaya dikkat ederek soya sosu ve sıvı dumanı gezdirin. Kaplamak için tempeh'i çevirin. Sıcak servis yapın.

70. Spagetti ve T-Topları

4 porsiyon yapar

- 1 pound tempeh
- 2 veya 3 diş sarımsak, ince kıyılmış
- 3 yemek kaşığı ince kıyılmış taze maydanoz
- 3 yemek kaşığı soya sosu
- 1 yemek kaşığı zeytinyağı, artı yemek pişirmek için daha fazlası
- ¾ su bardağı taze ekmek kırıntısı
- $1/3$ su bardağı buğday glüteni unu (hayati buğday glüteni)
- 3 yemek kaşığı besin mayası
- $1/2$ çay kaşığı kurutulmuş kekik
- $1/2$ çay kaşığı tuz
- $1/4$ çay kaşığı taze çekilmiş karabiber
- 1 pound spagetti
- 3 su bardağı marinara sosu, ev yapımı (sola bakın) veya mağazadan satın alınmış

Orta boy bir tencerede kaynayan su ile tempeh'i 30 dakika pişirin. İyice süzün ve parçalar halinde kesin.

Pişmiş tempeh'i bir mutfak robotuna yerleştirin, sarımsak ve maydanozu ekleyin ve iri taneli olana kadar karıştırın. Soya sosu, zeytinyağı, galeta unu, glüten unu, maya, kekik, tuz ve karabiberi ekleyin ve biraz doku bırakarak birleştirmek için nabzı ekleyin. Tempeh karışımını bir kaseye kazıyın ve karışımı iyice karışana kadar 1 ila 2 dakika yoğurmak için ellerinizi kullanın. Karışımı çapı 1/2 inçten ᵇᵘʸᵘᵏ olmayan küçük toplar halinde yuvarlamak için ellerinizi kullanın. Kalan tempeh karışımı ile tekrarlayın.

Hafifçe yağlanmış büyük bir tavada, orta ateşte ince bir yağ tabakasını ısıtın. Gerekirse partiler halinde T-topları ekleyin ve kızarana kadar pişirin, 15 ila 20 dakika boyunca eşit şekilde kızarmak için tavada hareket ettirin. Alternatif olarak, T-topları yağlanmış bir fırın tepsisine yerleştirebilir ve 350°F'de 25 ila 30 dakika pişirebilir ve yaklaşık yarısında bir kez çevirebilirsiniz.

Kaynayan tuzlu suda büyük bir tencerede, spagettiyi orta-yüksek ateşte ara sıra karıştırarak al dente olana kadar yaklaşık 10 dakika pişirin.

Spagetti pişerken, orta boy bir tencerede marinara sosunu orta ateşte sıcak olana kadar ısıtın.

Makarna pişince suyunu iyice süzün ve 4 yemek tabağına veya sığ makarna kasesine paylaştırın. Her porsiyonu birkaç T-topu ile doldurun. Sosu T-Balls ve spagetti üzerine kaşıkla dökün ve sıcak servis yapın. Kalan T-topları ve sosu bir servis kasesinde birleştirin ve servis yapın.

71. Bezelyeli Paglia E Fieno

4 porsiyon yapar

- $1/3$ su bardağı artı 1 yemek kaşığı zeytinyağı
- 2 orta boy arpacık, ince kıyılmış
- $1/4$ fincan doğranmış tempeh pastırması, ev yapımı (bkz. Tempeh Bacon) veya mağazadan satın alınmış (isteğe bağlı)
- Tuz ve taze çekilmiş karabiber
- 8 ons normal veya tam buğday linguini
- 8 ons ıspanak linguine
- Vegan Parmesan veya Parmasio

Büyük bir tavada, 1 yemek kaşığı yağı orta ateşte ısıtın. Arpacık ekleyin ve yumuşayana kadar yaklaşık 5 dakika pişirin. Kullanıyorsanız tempeh pastırmasını ekleyin ve güzelce kızarana kadar pişirin. Mantarları ilave edin ve yumuşayana kadar yaklaşık 5 dakika pişirin. Tatmak için tuz ve karabiber ekleyin. Bezelye ve kalan $1/3$ su bardağı yağı ilave edin. Örtün ve çok düşük ısıda sıcak tutun.

Tuzlu suda kaynayan büyük bir tencerede, linguine'i orta-yüksek ateşte ara sıra karıştırarak al dente olana kadar yaklaşık 10 dakika pişirin. İyice süzün ve büyük bir servis kasesine aktarın.

Sosu ekleyin, tatlandırmak için tuz ve karabiber ekleyin ve üzerine Parmesan serpin. Birleştirmek ve hemen servis yapmak için hafifçe atın.

SEIT AÇIK

72. Temel Kaynatılmış Seitan

Yaklaşık 2 pound yapar

seitan

- 1¾ su bardağı buğday glüteni unu (hayati buğday glüteni)
- ½ çay kaşığı tuz
- ½ çay kaşığı soğan tozu
- ¼ çay kaşığı tatlı kırmızı biber
- 1 yemek kaşığı zeytinyağı
- 2 yemek kaşığı soya sosu
- 1 ⅔ su bardağı soğuk su

Kaynatma Sıvısı:
- 2 litre su
- ½ su bardağı soya sosu
- 2 diş sarımsak, ezilmiş

Seitanı yapın: Bir mutfak robotunda buğday glüten unu, besin mayası, tuz, soğan tozu ve kırmızı biberi birleştirin. Karıştırmak için darbe. Yağ, soya sosu ve suyu ekleyin ve bir hamur oluşturmak için bir dakika işleyin. Karışımı hafifçe unlanmış bir çalışma yüzeyine aktarın ve pürüzsüz ve elastik olana kadar yaklaşık 2 dakika yoğurun.

Kaynayan sıvıyı hazırlayın: Büyük bir tencerede suyu, soya sosu ve sarımsağı birleştirin.

Seitan hamurunu 4 eşit parçaya bölün ve kaynayan sıvıya koyun. Orta-yüksek ateşte kaynatın, ardından ısıyı orta-düşük seviyeye indirin, örtün ve ara sıra çevirerek 1 saat boyunca hafifçe pişirin. Isıyı kapatın ve seitanın sıvı içinde soğumasına izin verin. Seitan soğuduktan sonra tariflerde kullanılabilir veya sıvı içinde sıkıca kapatılmış bir kapta buzdolabında bir haftaya kadar veya 3 aya kadar dondurularak kullanılabilir.

73. Fırında Doldurulmuş Seitan Roast

6 porsiyon yapar

- 1 tarif Temel Kaynamış Seitan , pişmemiş
- 1 yemek kaşığı zeytinyağı
- 1 küçük sarı soğan, kıyılmış
- 1 kereviz kaburga, kıyılmış
- $1/2$ çay kaşığı kuru kekik
- $1/2$ çay kaşığı kurutulmuş adaçayı
- $1/2$ bardak su veya gerekirse daha fazla
- Tuz ve taze çekilmiş karabiber
- 2 su bardağı taze ekmek küpleri
- $1/4$ su bardağı kıyılmış taze maydanoz

$1/2$ inç kalınlığa gelene kadar gerin . Düzleştirilmiş seitanı iki plastik sargı arasına yerleştirin veya parşömen kağıdı. Oklava ile olabildiğince düzleştirin (elastik ve dayanıklı olacaktır). Üzerine bir galon su veya konserve ürünlerle tartılmış bir fırın tepsisi koyun ve doldurmayı yaparken dinlenmeye bırakın.

Büyük bir tavada, yağı orta ateşte ısıtın. Soğan ve kereviz ekleyin. Örtün ve yumuşayana kadar pişirin, 10 dakika. Tat vermek için kekik, adaçayı, su ve tuz ve karabiberi karıştırın. Ateşten alın ve bir kenara koyun. Ekmek ve maydanozu geniş bir karıştırma kabına alın. Soğan karışımını ekleyin ve iyice karıştırın, doldurma çok kuruysa biraz daha su ekleyin. Tadına bakın, gerekirse baharatları ayarlayın. Eğer gerekliyse. Kenara koyun.

Fırını 350 ° F'ye ısıtın. 9 x 13 inçlik bir fırın tepsisini hafifçe yağlayın ve bir kenara koyun. Düzleştirilmiş seitanı yaklaşık $1/4$ inç kalınlığa gelene kadar bir oklava ile açın. Dolguyu yufkanın yüzeyine yayın seitan ve dikkatlice ve eşit şekilde yuvarlayın. Hazırlanan fırın tepsisine kızartma dikiş tarafı aşağı gelecek şekilde yerleştirin. Kızartmanın üstüne ve yanlarına biraz yağ sürün ve üstü kapalı olarak 45 dakika pişirin, ardından üzerini açın ve yaklaşık 15 dakika daha sert ve parlak kahverengi olana kadar pişirin.

Fırından çıkarın ve dilimlemeden önce 10 dakika bekletin. $1/2$ inçlik dilimler halinde kesmek için tırtıklı bir bıçak kullanın. Not: En kolay dilimleme için kızartmayı önceden yapın ve dilimlemeden önce tamamen soğutun. Kızartmanın tamamını veya bir kısmını dilimleyin ve servis yapmadan önce 15 ila 20 dakika boyunca ağzı sıkıca kapalı olarak fırında tekrar ısıtın.

74. Seitan Kızartma

4 porsiyon yapar

- 1 tarif Temel Kaynamış Seitan
- 2 yemek kaşığı zeytinyağı
- 3 ila 4 orta boy arpacık, uzunlamasına ikiye bölünmüş
- 1 pound Yukon Gold patates, soyulmuş ve 2 inçlik parçalar halinde kesilmiş
- $1/2$ çay kaşığı kurutulmuş tuzlu
- $1/4$ çay kaşığı öğütülmüş adaçayı
- Tuz ve taze çekilmiş karabiber
- Yaban turpu, iki porsiyon

Temel Simmered Seitan yapmak için talimatları izleyin, ancak pişirmeden önce seitan hamurunu 4 yerine 2 parçaya bölün. Seitan 30 dakika kendi suyunda soğuduktan sonra tencereden alıp kenara alın. Katıları atarak pişirme sıvısını ayırın. 1 parça seitanı (yaklaşık 1 pound) bir kaseye koyarak ve ayrılmış pişirme sıvısının bir kısmıyla kaplayarak ileride kullanmak üzere ayırın. Örtün ve gerekene kadar soğutun. 3 gün içinde kullanılmayacaksa seitanı tamamen soğutun, sıkıca sarın ve dondurun.

Büyük bir tencerede, 1 yemek kaşığı yağı orta ateşte ısıtın. Arpacık soğanı ve havuç ekleyin. Örtün ve 5 dakika pişirin. Tatmak için patates, kekik, tuzlu, adaçayı ve tuz ve karabiber ekleyin. $1/2$ bardak ayrılmış pişirme sıvısı ekleyin ve kaynatın. Isıyı düşük seviyeye indirin ve üstü kapalı olarak 20 dakika pişirin.

Ayrılmış seitanı kalan 1 yemek kaşığı yağ ve kırmızı biberle ovun. Seitanı kaynayan sebzelerin üzerine yerleştirin. Örtün ve sebzeler yumuşayana kadar yaklaşık 20 dakika daha pişirmeye devam edin. Seitanı ince dilimler halinde kesin ve pişmiş sebzelerle çevrili geniş bir servis tabağına yerleştirin. Yanında yaban turpu ile hemen servis yapın.

75. Neredeyse Tek Tabak Şükran Günü Yemeği

6 porsiyon yapar

- 2 yemek kaşığı zeytinyağı
- 1 su bardağı ince kıyılmış soğan
- 2 kereviz kaburga, ince kıyılmış
- 2 su bardağı dilimlenmiş beyaz mantar
- $1/2$ çay kaşığı kuru kekik
- $1/2$ çay kaşığı kurutulmuş tuzlu
- $1/2$ çay kaşığı öğütülmüş adaçayı
- Yer fıstığı serpiştirin
- Tuz ve taze çekilmiş karabiber
- 2 su bardağı taze ekmek küpleri
- $2\,1/2$ su bardağı sebze suyu, ev yapımı (bkz. Hafif Sebze Suyu) veya mağazadan satın alınmış
- $1/3$ su bardağı şekerli kurutulmuş kızılcık
- 8 ons ekstra sert tofu, süzülmüş ve $1/4$ inçlik dilimler halinde kesilmiş
- 8 ons seitan, ev yapımı veya mağazadan satın alınmış, çok ince dilimlenmiş
- $2\,1/2$ su bardağı Temel Patates Püresi
- 1 yaprak donmuş puf böreği, çözülmüş

Fırını 400 ° F'ye önceden ısıtın. 10 inçlik kare bir fırın tepsisini hafifçe yağlayın. Büyük bir tavada, yağı orta ateşte ısıtın. Soğan ve kereviz ekleyin. Örtün ve yumuşayana kadar yaklaşık 5 dakika pişirin. Tatmak için mantar, kekik, tuzlu, adaçayı, hindistan cevizi ve tuz ve karabiberi karıştırın. Mantarlar yumuşayana kadar, yaklaşık 3 dakika daha, üstü açık olarak pişirin. Kenara koyun.

Büyük bir kapta, ekmek küplerini nemlendirmek için gerektiği kadar et suyuyla birleştirin (yaklaşık

1/2 bardak) Pişmiş sebze karışımını, cevizleri ve kızılcıkları ekleyin. İyice karıştırmak için karıştırın ve bir kenara koyun.

Aynı tavada, kalan 1 su bardağı suyu kaynatın, ısıyı orta seviyeye düşürün, tofu ekleyin ve et suyu emilene kadar yaklaşık 10 dakika üstü açık pişirin. Kenara koyun.

Hazırlanan iç harcın yarısını hazırlanan pişirme kabının dibine yayın, ardından seitanın yarısını, tofunun yarısını ve kahverengi sosun yarısını yayın. Kalan dolgu ile katmanları tekrarlayın, seitan, tofu, ördek sosu.

76. Panko ve Limonlu Seitan Milanese

4 porsiyon yapar

- 2 bardak panko
- $1/4$ su bardağı kıyılmış taze maydanoz
- $1/2$ çay kaşığı tuz
- $1/4$ çay kaşığı taze çekilmiş karabiber
- 1 pound seitan, ev yapımı veya mağazadan satın alınmış, $1/4$ inçlik dilimler halinde kesilmiş
- 2 yemek kaşığı zeytinyağı
- 1 limon, dilimler halinde kesilmiş

Fırını 250 ° F'ye önceden ısıtın. Büyük bir kapta panko, maydanoz, tuz ve karabiberi birleştirin. Seitanı biraz suyla ıslatın ve panko karışımına bulayın.

Büyük bir tavada, yağı orta-yüksek ateşte ısıtın. Seitanı ekleyin ve bir kez çevirerek, gerekirse partiler halinde kızarana kadar pişirin. Pişen seitanı bir fırın tepsisine aktarın ve kalanını pişirirken fırında sıcak tutun. Limon dilimleri ile hemen servis yapın.

77. Susamlı Seitan

4 porsiyon yapar

- $1/3$ su bardağı susam
- $1/3$ su bardağı çok amaçlı un
- $1/2$ çay kaşığı tuz
- $1/4$ çay kaşığı taze çekilmiş karabiber
- $1/2$ su bardağı sade şekersiz soya sütü
- 1 pound seitan, ev yapımı veya mağazadan satın alınmış seitan, $1/4$ inçlik dilimler halinde kesilmiş
- 2 yemek kaşığı zeytinyağı

Susam tohumlarını orta ateşte kuru bir tavaya koyun ve 3 ila 4 dakika sürekli karıştırarak hafif altın rengi olana kadar kızartın. Soğumaya bırakın, ardından bir mutfak robotunda veya baharat öğütücüde öğütün.

Öğütülmüş susam tohumlarını sığ bir kaba koyun ve un, tuz ve karabiber ekleyin ve iyice karıştırın. Soya sütünü sığ bir kaseye koyun. Seitanı soya sütüne batırın ve ardından susam karışımına batırın.

Büyük bir tavada, yağı orta ateşte ısıtın. Seitan'ı gerekirse partiler halinde ekleyin ve her iki tarafı da gevrek ve altın rengi kahverengi olana kadar yaklaşık 10 dakika pişirin. Hemen servis yapın.

78. Enginar ve Zeytinli Seitan

4 porsiyon yapar

- 2 yemek kaşığı zeytinyağı
- 1 pound seitan, ev yapımı veya mağazadan satın alınmış, ¹/₄ inçlik dilimler halinde kesilmiş
- 2 diş sarımsak, kıyılmış
- 1 (14,5 ons) doğranmış domates, süzülmüş olabilir
- 1/2 su bardağı konserve veya dondurulmuş (pişmiş) enginar göbeği, ¹/₄ inçlik dilimler halinde kesilmiş
- 1 yemek kaşığı kapari
- 2 yemek kaşığı kıyılmış taze maydanoz
- Tuz ve taze çekilmiş karabiber
- 1 su bardağı Tofu Feta (isteğe bağlı)

Fırını 250 ° F'ye ısıtın. Büyük bir tavada, 1 çorba kaşığı yağı orta-yüksek ateşte ısıtın. Seitanı ekleyin ve her iki tarafını da yaklaşık 5 dakika kızartın. Seitanı ısıya dayanıklı bir tabağa aktarın ve fırında sıcak tutun.

Aynı tavada kalan 1 yemek kaşığı yağı orta ateşte ısıtın. Sarımsağı ekleyin ve kokulu olana kadar yaklaşık 30 saniye pişirin. Domates, enginar göbeği, zeytin, kapari ve maydanozu ekleyin. Tatlandırmak için tuz ve karabiber ekleyin ve yaklaşık 5 dakika sıcak olana kadar pişirin. Kenara koyun.

Seitanı bir servis tabağına koyun, üzerine sebze karışımını ekleyin ve kullanılıyorsa üzerine beyaz peynir serpin. Hemen servis yapın.

79. Hamsi-Chipotle Soslu Seitan

4 porsiyon yapar

- 2 yemek kaşığı zeytinyağı
- 1 orta boy soğan, doğranmış
- 2 orta boy havuç, doğranmış
- 2 diş sarımsak, kıyılmış
- 1 (28 ons) ateşte kavrulmuş domatesleri ezebilir
- $1/2$ su bardağı sebze suyu, ev yapımı (bkz. Hafif Sebze Suyu) veya mağazadan satın alınmış
- 2 adet kurutulmuş ancho chiles
- 1 kurutulmuş chipotle şili
- $1/2$ su bardağı sarı mısır unu
- $1/2$ çay kaşığı tuz
- $1/4$ çay kaşığı taze çekilmiş karabiber
- 1 pound seitan, ev yapımı veya mağazadan satın alınmış, $1/4$ inçlik dilimler halinde kesilmiş

Büyük bir tencerede, 1 yemek kaşığı yağı orta ateşte ısıtın. Soğanı ve havuçları ekleyin, üzerini kapatın ve 7 dakika pişirin. Sarımsağı ekleyin ve 1 dakika pişirin. Domatesleri, et suyunu ve ancho ve chipotle chiles'ı karıştırın. Kapağı açık olarak 45 dakika pişirin, ardından sosu bir karıştırıcıya dökün ve pürüzsüz olana kadar karıştırın. Tencereye geri dönün ve çok kısık ateşte sıcak tutun.

Sığ bir kapta mısır unu ile tuz ve karabiberi birleştirin. Seitanı mısır unu karışımına eşit şekilde kaplayarak serpin.

Büyük bir tavada, kalan 2 yemek kaşığı yağı orta ateşte ısıtın. Seitanı ekleyin ve her iki tarafı da kızarana kadar toplamda yaklaşık 8 dakika pişirin. Hemen şili sosu ile servis yapın.

80. Seitan Piccata

4 porsiyon yapar

- 1 pound seitan, ev yapımı veya mağazadan satın alınmış, ¹/₄ inçlik dilimler halinde kesilmiş Tuz ve taze çekilmiş karabiber
- ¹/₂ su bardağı çok amaçlı un
- 2 yemek kaşığı zeytinyağı
- 1 orta arpacık, kıyılmış
- 2 diş sarımsak, kıyılmış
- 2 yemek kaşığı kapari
- ¹/₃ bardak beyaz şarap
- ¹/₃ fincan sebze suyu, ev yapımı (bkz. Hafif Sebze Suyu) veya mağazadan satın alınmış
- 2 yemek kaşığı taze limon suyu
- 2 yemek kaşığı bitkisel margarin
- 2 yemek kaşığı kıyılmış taze maydanoz

Fırını 275 ° F'ye önceden ısıtın. Tatlandırmak için seitanı tuz ve karabiberle tatlandırın ve una bulayın.

Büyük bir tavada, 2 yemek kaşığı yağı orta ateşte ısıtın. Taranan seitanı ekleyin ve her iki tarafı da hafifçe kızarana kadar yaklaşık 10 dakika pişirin. Seitanı ısıya dayanıklı bir tabağa aktarın ve fırında sıcak tutun.

Aynı tavada kalan 1 yemek kaşığı yağı orta ateşte ısıtın. Arpacık soğanı ve sarımsağı ekleyin, 2 dakika pişirin, ardından kapari, şarap ve et suyunu ilave edin. Bir iki dakika hafifçe karıştırarak pişirin, ardından limon suyunu, margarini ve maydanozu ekleyin, margarin sosla karışana kadar karıştırın. Sosu kızaran seitanın üzerine dökün ve hemen servis yapın.

81. Üç Çekirdekli Seitan

4 porsiyon yapar

- ¹/₄ su bardağı tuzsuz kabuklu ayçekirdeği
- ¹/₄ su bardağı tuzsuz kabuklu kabak çekirdeği (pepitas)
- ¹/₄ su bardağı susam
- ¾ bardak çok amaçlı un
- 1 çay kaşığı öğütülmüş kişniş
- 1 çay kaşığı füme kırmızı biber
- ¹/₂ çay kaşığı tuz
- ¹/₄ çay kaşığı taze çekilmiş karabiber
- 1 pound seitan, ev yapımı veya mağazadan satın alınmış, lokma büyüklüğünde parçalar halinde kesilmiş
- 2 yemek kaşığı zeytinyağı

Bir mutfak robotunda ayçekirdeği, kabak çekirdeği ve susamı birleştirin ve toz haline getirin. Sığ bir kaseye aktarın, un, kişniş, kırmızı biber, tuz ve karabiber ekleyin ve birleştirmek için karıştırın.

Seitan parçalarını suyla nemlendirin, ardından tamamen kaplamak için tohum karışımına daldırın.

Büyük bir tavada, yağı orta ateşte ısıtın. Seitanı ekleyin ve hafifçe kızarana ve her iki tarafı da çıtır çıtır olana kadar pişirin. Hemen servis yapın.

82. Sınır Tanımayan Fajitalar

4 porsiyon yapar

- 1 yemek kaşığı zeytinyağı
- 1 küçük kırmızı soğan, doğranmış
- 10 ons seitan, ev yapımı veya mağazadan satın alınmış, $1/2$ inçlik şeritler halinde kesilmiş
- $1/4$ fincan konserve sıcak veya hafif kıyılmış yeşil biber
- Tuz ve taze çekilmiş karabiber
- (10 inç) yumuşak un ekmeği
- 2 su bardağı domates salsa, ev yapımı (bkz. Taze Domates Salsa) veya mağazadan satın alınmış

Büyük bir tavada, yağı orta ateşte ısıtın. Soğanı ekleyin, örtün ve yaklaşık 7 dakika yumuşayana kadar pişirin. Seitanı ekleyin ve kapağı açık olarak 5 dakika pişirin.

Tat vermek için tatlı patatesleri, şilileri, kekikleri ve tuzu ve biberi ekleyin, iyice karıştırmak için karıştırın. Karışım sıcak olana ve tatlar iyice birleşene kadar ara sıra karıştırarak yaklaşık 7 dakika pişirmeye devam edin.

Ekmeği kuru bir tavada ısıtın. Her tortillayı sığ bir kaseye koyun. Seitan ve tatlı patates karışımını tortillalara dökün, ardından her birini yaklaşık $1/$bardak salsa ile doldurun. serpin her Kullanıyorsanız, 1 çorba kaşığı zeytin ile kase. Yanında servis edilen kalan salsa ile hemen servis yapın.

83. Yeşil Elma Relish ile Seitan

4 porsiyon yapar

- 2 Granny Smith elması, iri doğranmış
- $1/2$ su bardağı ince kıyılmış kırmızı soğan
- $1/2$ jalapeño şili, tohumlanmış ve kıyılmış
- $1\,1/2$ çay kaşığı rendelenmiş taze zencefil
- 2 yemek kaşığı taze limon suyu
- 2 çay kaşığı agav nektarı
- Tuz ve taze çekilmiş karabiber
- 2 yemek kaşığı zeytinyağı
- 1 pound seitan, ev yapımı veya mağazadan satın alınmış, $1/2$ inçlik dilimler halinde kesilmiş

Orta boy bir kapta elma, soğan, şili, zencefil, limon suyu, agave nektarı ve tuz ve karabiberi tatmak için birleştirin. Kenara koyun.

Yağı bir tavada orta ateşte ısıtın. Seitanı ekleyin ve her iki tarafı da kızarana kadar bir kez çevirerek her bir tarafı yaklaşık 4 dakika pişirin. Tatmak için tuz ve karabiber ekleyin. Elma suyunu ekleyin ve azalana kadar bir dakika pişirin. Elma rendesi ile hemen servis yapın.

84. Seitan ve Brokoli-Shiitake Stir-Fry

4 porsiyon yapar

- 2 yemek kaşığı kanola veya üzüm çekirdeği yağı
- 10 ons seitan, ev yapımı veya mağazadan satın alınmış, $1/4$ inçlik dilimler halinde kesilmiş
- 3 diş sarımsak, kıyılmış
- 2 çay kaşığı rendelenmiş taze zencefil
- yeşil soğan, kıyılmış
- 1 orta demet brokoli, 1 inçlik çiçeklere bölünmüş
- 3 yemek kaşığı soya sosu
- 2 yemek kaşığı kuru şeri
- 1 çay kaşığı kızarmış susam yağı
- 1 yemek kaşığı kavrulmuş susam

Büyük bir tavada, 1 çorba kaşığı yağı orta-yüksek ateşte ısıtın. Seitanı ekleyin ve ara sıra karıştırarak hafifçe kızarana kadar yaklaşık 3 dakika pişirin. Seitanı bir kaseye aktarın ve bir kenara koyun.

Aynı tavada kalan 1 yemek kaşığı yağı orta-yüksek ateşte ısıtın. Mantarları ekleyin ve sık sık karıştırarak yaklaşık 3 dakika kızarana kadar pişirin. Sarımsak, zencefil ve yeşil soğanları karıştırın ve 30 saniye daha pişirin. Pişen seitena mantarlı karışımı ekleyin ve kenara alın.

Aynı tavaya brokoliyi ve suyu ekleyin. Örtün ve brokoli parlak yeşile dönene kadar yaklaşık 3 dakika pişirin. Kapağı açın ve sıvı buharlaşana ve brokoli çıtır çıtır olana kadar sık sık karıştırarak yaklaşık 3 dakika daha pişirin.

Seitan ve mantar karışımını tekrar tavaya alın. Soya sosu ve şeri ekleyin ve seitan ve sebzeler sıcak olana kadar yaklaşık 3 dakika karıştırarak kızartın. Üzerine susam yağı ve susam serpin ve hemen servis yapın.

85. Şeftali Seitan Broşetleri

4 porsiyon yapar

- $1/3$ bardak balzamik sirke
- 2 yemek kaşığı kuru kırmızı şarap
- 2 yemek kaşığı açık kahverengi şeker
- $1/4$ su bardağı kıyılmış taze fesleğen
- $1/4$ su bardağı kıyılmış taze mercanköşk
- 2 yemek kaşığı kıyılmış sarımsak
- 2 yemek kaşığı zeytinyağı
- 1 pound seitan, ev yapımı veya mağazadan satın alınmış, 1 inçlik parçalar halinde kesilmiş
- arpacık, uzunlamasına yarıya ve beyazlatılmış
- Tuz ve taze çekilmiş karabiber
- 2 olgun şeftali, çekirdeksiz ve 1 inçlik parçalar halinde kesilmiş

birleştirin ve kaynatın. Isıyı orta seviyeye düşürün ve yaklaşık 15 dakika yarı yarıya azalana kadar karıştırarak pişirin. Ateşten alın.

Büyük bir kapta fesleğen, mercanköşk, sarımsak ve zeytinyağını birleştirin. Seitan, arpacık soğanı ve şeftalileri cklcyin ve kaplamak için fırlatın. Tatmak için tuz ve karabiber ekleyin

Izgarayı önceden ısıtın. *Seitan, arpacık soğan ve şeftalileri şişlere geçirin ve üzerine balzamik karışımı sürün.

Broşetleri ızgaraya yerleştirin ve seitan ve şeftaliler ızgara olana kadar her bir tarafını yaklaşık 3 dakika pişirin. Kalan balzamik karışımla fırçalayın ve hemen servis yapın.

*Bu broşları ızgara yapmak yerine ızgaranın altına koyabilirsiniz. Isıdan 4 ila 5 inç, sıcak olana ve kenarları hafifçe kızarana kadar, yaklaşık 10 dakika, yarı yolda dönerek kızartın.

86. Izgara Seitan ve Sebze Kebapları

4 porsiyon yapar

- ¹/₃ bardak balzamik sirke
- 2 yemek kaşığı zeytinyağı
- 1 yemek kaşığı kıyılmış taze kekik veya 1 çay kaşığı kuru
- 2 diş sarımsak, kıyılmış
- ¹/₂ çay kaşığı tuz
- ¹/₄ çay kaşığı taze çekilmiş karabiber
- 1 pound seitan, ev yapımı veya mağazadan satın alınmış, 1 inçlik küpler halinde kesilmiş
- 7 ons küçük beyaz mantar, hafifçe durulanır ve kurutulur
- 2 küçük kabak, 1 inçlik parçalar halinde kesin
- 1 orta boy sarı dolmalık biber, 1 inçlik kareler halinde kesilmiş
- olgun kiraz domates

Orta boy bir kapta sirke, yağ, kekik, kekik, sarımsak, tuz ve karabiberi birleştirin. Seitan, mantar, kabak, dolmalık biber ve domatesleri katlayarak ekleyin. Ara sıra çevirerek oda sıcaklığında 30 dakika marine edin. Turşuyu ayırarak seitanı ve sebzeleri boşaltın.

Izgarayı önceden ısıtın. *Seitan, mantar ve domatesleri şişlere geçirin.

Şişleri sıcak ızgaraya yerleştirin ve ızgaranın yarısında kebapları çevirerek, toplamda yaklaşık 10 dakika pişirin. Az miktarda ayrılmış turşusu gezdirin ve hemen servis yapın.

*Izgara yapmak yerine bu şişleri ızgaranın altına koyabilirsiniz. Isıdan 4 ila 5 inç, sıcak olana ve kenarları hafifçe kızarana kadar, yaklaşık 10 dakika, kavurma işleminin yarısında bir kez çevirerek kızartın.

87. Seitan En Croute

4 porsiyon yapar

- 1 yemek kaşığı zeytinyağı
- 2 orta arpacık, kıyılmış
- ons beyaz mantar, kıyılmış
- $1/4$ bardak Madeira
- 1 yemek kaşığı kıyılmış taze maydanoz
- $1/2$ çay kaşığı kuru kekik
- $1/2$ çay kaşığı kurutulmuş tuzlu
- 2 su bardağı ince kıyılmış kuru ekmek küpleri
- Tuz ve taze çekilmiş karabiber
- 1 dondurulmuş milföy yaprağı, çözülmüş
- ($1/4$ inç kalınlığında) seitan dilimleri yaklaşık 3 X 4 inçlik oval veya dikdörtgenler, kurulayın

Büyük bir tavada, yağı orta ateşte ısıtın. Arpacık ekleyin ve yaklaşık 3 dakika yumuşayana kadar pişirin. Mantarları ekleyin ve ara sıra karıştırarak mantarlar yumuşayana kadar yaklaşık 5 dakika pişirin. Madiera, maydanoz, kekik ve salamura ekleyin ve sıvı neredeyse buharlaşana kadar pişirin. Ekmek küplerini karıştırın ve tadına bakmak için tuz ve karabiber ekleyin. Soğuması için kenara alın.

Milföy hamurunu düz bir çalışma yüzeyi üzerindeki büyük bir plastik film parçası üzerine yerleştirin. Üzerine başka bir streç film parçası kapatın ve hamuru yumuşatmak için merdane ile hafifçe açın. Hamuru dörde bölün. Her yufkanın ortasına 1 dilim seitan koyun. İç harcı aralarına paylaştırın ve seitanı kapatacak şekilde yayın. Her birini kalan seitan dilimleriyle doldurun. Dolguyu kapatmak için hamur işlerini yukarı katlayın, mühürlemek için kenarlarını parmaklarınızla kıvırın. Hamur işi paketlerini, dikiş tarafı aşağı gelecek şekilde büyük bir yağsız fırın tepsisine yerleştirin ve 30 dakika buzdolabında saklayın. Fırını 400 ° F'ye önceden ısıtın. Kabuk altın kahverengi olana kadar yaklaşık 20 dakika pişirin. Hemen servis yapın.

88. Seitan ve Patatesli Torta

6 porsiyon yapar

- 2 yemek kaşığı zeytinyağı
- 1 orta boy sarı soğan, kıyılmış
- 4 su bardağı doğranmış taze bebek ıspanak veya saplı pazı
- 8 ons seitan, ev yapımı veya mağazadan satın alınmış, ince kıyılmış
- 1 çay kaşığı kıyılmış taze mercanköşk
- $1/2$ çay kaşığı öğütülmüş rezene tohumu
- $1/4$ ila $1/2$ çay kaşığı ezilmiş kırmızı biber
- Tuz ve taze çekilmiş karabiber
- 2 pound Yukon Gold patates, soyulmuş ve $1/4$ inçlik dilimler halinde kesilmiş
- $1/2$ bardak vegan Parmesan veya Parmasio

Fırını 400 ° F'ye önceden ısıtın. 3 litrelik bir güveç veya 9 x 13 inçlik fırın tepsisini hafifçe yağlayın ve bir kenara koyun.

Büyük bir tavada, 1 çorba kaşığı yağı orta ateşte ısıtın. Soğanı ekleyin, örtün ve yaklaşık 7 dakika yumuşayana kadar pişirin. Ispanağı ekleyin ve üstü açık olarak yaklaşık 3 dakika solana kadar pişirin. Seitan, mercanköşk, rezene tohumu ve ezilmiş kırmızı biberi ilave edip iyice birleşene kadar pişirin. Tatmak için tuz ve karabiber ekleyin. Kenara koyun.

Hazırlanan tavanın dibine domates dilimlerini yayın. Hafifçe üst üste binen patates dilimleri tabakası ile doldurun. Patates tabakasını kalan 1 çorba kaşığı yağın bir kısmı ile fırçalayın ve tadına bakmak için tuz ve karabiber ekleyin. Seitan ve ıspanak karışımının yaklaşık yarısını patateslerin üzerine yayın. Üzerine başka bir patates tabakası koyun, ardından kalan seitan ve ıspanak karışımını ekleyin. Son bir patates tabakasını üstüne koyun, kalan yağı gezdirin ve tadına bakmak için tuz ve karabiber ekleyin. Parmesan serpin. Örtün ve patatesler yumuşayana kadar 45 dakika ila 1 saat arasında pişirin. Ortaya çıkarın ve üstünü 10 ila 15 dakika kahverengileştirmek için pişirmeye devam edin. Hemen servis yapın.

89. Rustik Yazlık Turta

4 ila 6 porsiyon yapar

- Yukon Gold patatesleri, soyulmuş ve 1 inçlik zarlar halinde kesilmiş
- 2 yemek kaşığı bitkisel margarin
- $1/4$ fincan şekersiz sade soya sütü
- Tuz ve taze çekilmiş karabiber
- 1 yemek kaşığı zeytinyağı
- 1 orta boy sarı soğan, ince kıyılmış
- 1 orta boy havuç, ince kıyılmış
- 1 kereviz kaburga, ince kıyılmış
- ons seitan, ev yapımı veya mağazadan satın alınmış, ince kıyılmış
- 1 su bardağı donmuş bezelye
- 1 su bardağı donmuş mısır taneleri
- 1 çay kaşığı kurutulmuş tuzlu
- $1/2$ çay kaşığı kuru kekik

Kaynayan tuzlu suda bir tencerede patatesleri yumuşayana kadar 15 ila 20 dakika pişirin. İyice süzün ve tencereye geri dönün. Tatmak için margarin, soya sütü ve tuz ve karabiber ekleyin. Patates ezici ile irice ezin ve kenara alın. Fırını 350 ° F'ye ısıtın.

Büyük bir tavada, yağı orta ateşte ısıtın. Soğan, havuç ve kerevizi ekleyin. Örtün ve yumuşayana kadar yaklaşık 10 dakika pişirin. Sebzeleri 9 x 13 inçlik bir fırın tepsisine aktarın. Seitan, mantar sosu, bezelye, mısır, tuzlu ve kekiği karıştırın. Tuz ve karabiberle tatlandırın ve karışımı fırın tepsisine eşit şekilde yayın.

Fırın tepsisinin kenarlarına yayılarak patates püresini üstüne koyun. Patatesler kızarana ve dolgu kabarcıklı olana kadar yaklaşık 45 dakika pişirin. Hemen servis yapın.

90. Ispanaklı ve Domatesli Seitan

4 porsiyon yapar

- 2 yemek kaşığı zeytinyağı
- 1 pound seitan, ev yapımı veya mağazadan satın alınmış, $1/4$ inçlik şeritler halinde kesilmiş
- Tuz ve taze çekilmiş karabiber
- 3 diş sarımsak, kıyılmış
- 4 su bardağı taze bebek ıspanak
- yağla doldurulmuş güneşte kurutulmuş domatesler, $1/4$ inçlik şeritler halinde kesin
- $1/2$ su bardağı çekirdeksiz Kalamata zeytin, ikiye bölünmüş
- 1 yemek kaşığı kapari
- $1/4$ çay kaşığı ezilmiş kırmızı biber

Büyük bir tavada, yağı orta ateşte ısıtın. Seitanı ekleyin, tuz ve karabiber ekleyin ve her tarafı yaklaşık 5 dakika kızarana kadar pişirin.

Sarımsağı ekleyin ve yumuşaması için 1 dakika pişirin. Ispanağı ekleyin ve solana kadar yaklaşık 3 dakika pişirin. Domates, zeytin, kapari ve ezilmiş kırmızı biberi ilave edip karıştırın. Tatmak için tuz ve karabiber ekleyin. Tatlar karışana kadar karıştırarak yaklaşık 5 dakika pişirin.

Hemen servis yapın.

91. Seitan ve Taraklı Patates

4 porsiyon yapar

- 2 yemek kaşığı zeytinyağı
- 1 küçük sarı soğan, kıyılmış
- $1/4$ su bardağı kıyılmış yeşil dolmalık biber
- $1/4$ inçlik dilimler halinde kesilmiş büyük Yukon Gold patatesleri
- $1/2$ çay kaşığı tuz
- $1/4$ çay kaşığı taze çekilmiş karabiber
- 10 ons seitan, ev yapımı veya mağazadan satın alınmış, doğranmış
- $1/2$ su bardağı sade şekersiz soya sütü
- 1 yemek kaşığı bitkisel margarin
- Garnitür olarak 2 yemek kaşığı kıyılmış taze maydanoz

Fırını 350 ° F'ye ısıtın. 10 inçlik kare bir fırın tepsisini hafifçe yağlayın ve bir kenara koyun.

Bir tavada, yağı orta ateşte ısıtın. Soğanı ve dolmalık biberi ekleyin ve yumuşayana kadar yaklaşık 7 dakika pişirin. Kenara koyun.

Hazırlanan fırın tepsisine patateslerin yarısını koyun ve tadına bakmak için tuz ve karabiber serpin. Soğan ve dolmalık biber karışımını ve doğranmış seitanı patateslerin üzerine serpin. Kalan patates dilimlerini üstüne koyun ve tadına bakmak için tuz ve karabiber ekleyin.

Orta boy bir kapta, iyice karışana kadar kahverengi sosu ve soya sütünü birleştirin. Patateslerin üzerine dökün. En üst katı margarinle kaplayın ve folyo ile sıkıca kapatın. 1 saat pişirin. Folyoyu çıkarın ve 20 dakika daha veya üst kısmı altın rengi kahverengi olana kadar pişirin. Maydanoz serperek hemen servis yapın.

92. Kore Eriştesi Stir-Fry

4 porsiyon yapar

- 8 ons dang myun veya fasulye ipliği erişte
- 2 yemek kaşığı kızarmış susam yağı
- 1 yemek kaşığı şeker
- $1/4$ çay kaşığı tuz
- $1/4$ çay kaşığı öğütülmüş kırmızı biber
- 2 yemek kaşığı kanola veya üzüm çekirdeği yağı
- 8 ons seitan, ev yapımı veya mağazadan satın alınmış, $1/4$ inçlik şeritler halinde kesilmiş
- 1 orta boy soğan, uzunlamasına ikiye bölünmüş ve ince dilimlenmiş
- 1 orta boy havuç, ince kibrit çöpü şeklinde kesilmiş
- 6 ons taze shiitake mantarı, saplı ve ince dilimlenmiş
- 3 su bardağı ince dilimlenmiş Çin lahanası veya diğer Asya lahanası
- 3 yeşil soğan, doğranmış
- 3 diş sarımsak, ince kıyılmış
- 1 su bardağı fasulye filizi
- Süslemek için 2 yemek kaşığı susam

Makarnaları 15 dakika sıcak suda bekletin. Süzün ve soğuk suyun altında durulayın. Kenara koyun.

Küçük bir kapta soya sosu, susam yağı, şeker, tuz ve kırmızı biberi birleştirip bir kenara koyun.

Büyük bir tavada, 1 çorba kaşığı yağı orta-yüksek ateşte ısıtın. Seitanı ekleyin ve kızarana kadar yaklaşık 2 dakika karıştırarak kızartın. Tavadan çıkarın ve bir kenara koyun.

Kalan 1 çorba kaşığı kanola yağını aynı tavaya ekleyin ve orta-yüksek ateşte ısıtın. Soğanı ve havucu ekleyin ve yumuşayana kadar yaklaşık 3 dakika karıştırarak kızartın. Mantarları, bok choy'u, yeşil soğanları ve sarımsağı ekleyin ve yumuşayana kadar yaklaşık 3 dakika karıştırarak kızartın.

Fasulye filizlerini ekleyin ve 30 saniye karıştırın, ardından pişmiş erişte, esmer seitan ve soya sosu karışımını ekleyin ve kaplamak için karıştırın. Malzemeler sıcak ve iyice birleşene kadar 3 ila 5 dakika ara sıra karıştırarak pişirmeye devam edin. Büyük bir servis tabağına aktarın, susam serpin ve hemen servis yapın.

93. Pislik Baharatlı Kırmızı Fasulye Biber

4 porsiyon yapar

- 1 yemek kaşığı zeytinyağı
- 1 orta boy soğan, doğranmış
- 10 ons seitan, ev yapımı veya mağazadan satın alınmış, doğranmış
- 3 su bardağı pişmiş veya 2 (15,5 ons) kutu koyu kırmızı barbunya fasulyesi, süzülmüş ve durulanmış
- (14.5 ons) ezilmiş domates olabilir
- (14,5 ons) doğranmış domatesleri süzebilir
- (4 ons) hafif veya sıcak yeşil biberleri doğrayabilir, süzebilir
- $1/2$ su bardağı barbekü sosu, ev yapımı veya mağazadan satın alınmış
- 1 bardak su
- 1 yemek kaşığı soya sosu
- 1 yemek kaşığı pul biber
- 1 çay kaşığı öğütülmüş kimyon
- 1 çay kaşığı öğütülmüş yenibahar
- 1 çay kaşığı şeker
- $1/2$ çay kaşığı öğütülmüş kekik
- $1/4$ çay kaşığı öğütülmüş kırmızı biber
- $1/2$ çay kaşığı tuz
- $1/4$ çay kaşığı taze çekilmiş karabiber

Büyük bir tencerede, yağı orta ateşte ısıtın. Soğanı ve seitanı ekleyin. Örtün ve soğan yumuşayana kadar yaklaşık 10 dakika pişirin.

Barbunya fasulyesini, ezilmiş domatesleri, doğranmış domatesleri ve şilileri karıştırın. Barbekü sosu, su, soya sosu, kırmızı biber tozu, kimyon, yenibahar, şeker, kekik, kırmızı biber, tuz ve karabiberi ilave edin.

Bir kaynamaya getirin, ardından ısıyı orta seviyeye indirin ve üstü kapalı olarak sebzeler yumuşayana kadar yaklaşık 45 dakika pişirin. Ortaya çıkarın ve yaklaşık 10 dakika daha pişirin. Hemen servis yapın.

94. Sonbahar Karışık Güveç

4 ila 6 porsiyon yapar

- 2 yemek kaşığı zeytinyağı
- 10 ons seitan, ev yapımı veya mağazadan satın alınmış, 1 inçlik küpler halinde kesilmiş
- Tuz ve taze çekilmiş karabiber
- 1 büyük sarı soğan, doğranmış
- 2 diş sarımsak, kıyılmış
- 1 büyük rus patates, soyulmuş ve $1/2$ inçlik zarlar halinde kesilmiş
- 1 orta boy yaban havucu, $1/4$ inç zar halinde doğranmış
- 1 küçük Balkabagi, soyulmuş, ikiye bölünmüş, tohumlanmış ve $1/2$ inçlik zarlar halinde kesilmiş
- 1 küçük baş kıvırcık lahana, doğranmış
- 1 (14,5 ons) doğranmış domates, süzülmüş olabilir
- $1/2$ su bardağı pişmiş veya 1 (15,5 ons) konserve nohut, süzülmüş ve durulanmış
- 2 bardak sebze suyu, ev yapımı (bkz. Hafif Sebze Suyu) veya mağazadan satın alınmış veya su
- $1/2$ çay kaşığı kurutulmuş mercanköşk
- $1/2$ çay kaşığı kuru kekik
- $1/2$ su bardağı ufalanmış melek saçlı makarna

Büyük bir tavada, 1 çorba kaşığı yağı orta-yüksek ateşte ısıtın. Seitanı ekleyin ve her tarafı kızarana kadar yaklaşık 5 dakika pişirin. Tatmak için tuz ve karabiber ekleyin ve bir kenara koyun.

Büyük bir tencerede, kalan 1 yemek kaşığı yağı orta ateşte ısıtın. Soğan ve sarımsağı ekleyin. Örtün ve yumuşayana kadar yaklaşık 5 dakika pişirin. Patates, havuç, yaban havucu ve kabağı ekleyin. Örtün ve yumuşayana kadar yaklaşık 10 dakika pişirin.

Tatmak için lahana, domates, nohut, et suyu, şarap, mercanköşk, kekik ve tuz ve karabiberi karıştırın. Bir kaynamaya getirin, ardından ısıyı düşük seviyeye indirin. Örtün ve ara sıra karıştırarak sebzeler yumuşayana kadar yaklaşık 45 dakika pişirin. Pişmiş seitanı ve makarnayı ekleyin ve makarna yumuşayana ve tatlar karışana kadar yaklaşık 10 dakika daha pişirin. Hemen servis yapın.

95. Seitanlı İtalyan Pilavı

4 porsiyon yapar

- 2 bardak su
- 1 su bardağı uzun taneli kahverengi veya beyaz pirinç
- 2 yemek kaşığı zeytinyağı
- 1 orta boy sarı soğan, doğranmış
- 2 diş sarımsak, kıyılmış
- 10 ons seitan, ev yapımı veya mağazadan satın alınmış, doğranmış
- 4 ons beyaz mantar, doğranmış
- 1 çay kaşığı kuru fesleğen
- $1/2$ çay kaşığı öğütülmüş rezene tohumu
- $1/4$ çay kaşığı ezilmiş kırmızı biber
- Tuz ve taze çekilmiş karabiber

Büyük bir tencerede, suyu yüksek ateşte kaynatın. Pirinci ekleyin, ısıyı düşürün, örtün ve yumuşayana kadar yaklaşık 30 dakika pişirin.

Büyük bir tavada, yağı orta ateşte ısıtın. Soğanı ekleyin, örtün ve yaklaşık 5 dakika yumuşayana kadar pişirin. Seitanı ekleyin ve üstü açık olarak kızarana kadar pişirin. Mantarları ilave edin ve yaklaşık 5 dakika daha yumuşayana kadar pişirin. Fesleğen, rezene, ezilmiş kırmızı biber ve tuz ve karabiberi tatlandırın.

Pişen pirinci geniş bir servis kasesine aktarın. Seitan karışımını ekleyin ve iyice karıştırın. Bol miktarda karabiber ekleyin ve hemen servis yapın.

96. İki Patates Ezmesi

4 porsiyon yapar

- 2 yemek kaşığı zeytinyağı
- 1 orta boy kırmızı soğan, doğranmış
- 1 orta boy kırmızı veya sarı dolmalık biber, doğranmış
- 1 pişmiş orta boy rus patates, soyulmuş ve ½ inçlik zarlar halinde kesilmiş
- 1 pişmiş orta boy tatlı patates, soyulmuş ve ½ inçlik zarlar halinde kesilmiş
- 2 su bardağı kıyılmış seitan, ev yapımı
- Tuz ve taze çekilmiş karabiber

Büyük bir tavada, yağı orta ateşte ısıtın. Soğan ve dolmalık biber ekleyin. Örtün ve yumuşayana kadar yaklaşık 7 dakika pişirin.

Beyaz patatesi, tatlı patatesi ve seitanı ekleyin ve tadına bakmak için tuz ve karabiber ekleyin. Açıkta, hafifçe kızarana kadar, sık sık karıştırarak, yaklaşık 10 dakika pişirin. Sıcak servis yapın.

97. Ekşi Kremalı Seitan Enchiladas

8 SERVER
İÇİNDEKİLER

seitan
- 1 su bardağı vital buğday gluteni unu
- 1/4 su bardağı nohut unu
- 1/4 su bardağı beslenme mayası
- 1 çay kaşığı soğan tozu
- 1/2 çay kaşığı sarımsak tozu
- 1 1/2 çay kaşığı sebze suyu tozu
- 1/2 su bardağı su
- 2 yemek kaşığı taze sıkılmış limon suyu
- 2 yemek kaşığı soya sosu
- 2 su bardağı sebze suyu

ekşi krema sosu
- 2 yemek kaşığı bitkisel margarin
- 2 yemek kaşığı un
- 1 1/2 su bardağı sebze suyu
- 2 (8 ons) karton vegan ekşi krema
- 1 su bardağı salsa verde (tomatillo salsa)
- 1/2 çay kaşığı tuz
- 1/2 çay kaşığı öğütülmüş beyaz biber
- 1/4 su bardağı kıyılmış kişniş

Enchiladas
- 2 yemek kaşığı zeytinyağı
- 1/2 orta boy soğan, doğranmış
- 2 diş sarımsak, kıyılmış
- 2 serrano biberi, kıyılmış (ipucuna bakın)
- 1/4 su bardağı domates salçası

- 1/4 su bardağı su
- 1 yemek kaşığı kimyon
- 2 yemek kaşığı pul biber
- 1 çay kaşığı tuz
- 15-20 mısır ekmeği
- 1 (8 oz) paket Daiya Cheddar Usulü Rendelenmiş Parçalar
- 1/2 su bardağı kıyılmış kişniş

YÖNTEM

a) Seitanı hazırlayın. Fırını 325 derece Fahrenheit'e ısıtın. Kapaklı bir güveç kabını yapışmaz spreyle hafifçe yağlayın. Unları, besin mayasını, baharatları ve sebze suyu tozunu geniş bir kapta birleştirin. Küçük bir kapta su, limon suyu ve soya sosunu karıştırın. Islak malzemeleri kuru malzemelere ekleyin ve bir hamur oluşana kadar karıştırın. Gerektiği gibi su veya glüten miktarını ayarlayın (ipucuna bakın). Hamuru 5 dakika yoğurun, ardından bir somun haline getirin. Seitanı güveç kabına koyun ve üzerini 2 su bardağı sebze suyu ile kapatın. Örtün ve 40 dakika pişirin. Somunu çevirin, ardından örtün ve 40 dakika daha pişirin. Seitanı tabaktan çıkarın ve işlenecek kadar soğuyana kadar dinlenmeye bırakın.

b) Seitan somununun tepesine bir çatal sokun ve bir elinizle yerinde tutun. Somunu küçük parçalara ayırmak ve ufalamak için ikinci bir çatal kullanın.

c) Ekşi krema sosu hazırlayın. Margarini büyük bir tencerede orta ateşte eritin. Unu bir çırpma teli ile karıştırın ve 1 dakika pişirin. Pürüzsüz olana kadar sürekli çırparken sebze suyunu yavaşça dökün. Sos koyulaşana kadar çırpmaya devam ederek 5 dakika pişirin. Ekşi krema ve salsa verdeyi çırpın, ardından kalan sos malzemelerini ekleyin. Kaynamasına izin vermeyin, tamamen ısınana kadar pişirin. Ateşten alın ve bir kenara koyun.

d) Enchiladaları hazırlayın. Zeytinyağını büyük bir tavada orta ateşte ısıtın. Soğan ekleyin ve 5 dakika veya yarı saydam olana kadar pişirin. Sarımsak ve Serrano biberlerini ekleyin ve 1 dakika daha pişirin. Kıyılmış seitan, domates salçası, kimyon, kırmızı biber tozu ve tuzu karıştırın. 2 dakika pişirin, ardından ocaktan alın.

e) Fırını 350 derece Fahrenheit'e önceden ısıtın. Ekmeği bir tavada veya mikrodalgada ısıtın ve bir mutfak havlusu ile örtün. 5 litrelik bir pişirme kabının dibine 1 su bardağı ekşi krema sosu yayın. Bir tortillaya 1/4 bardak kıyılmış seitan karışımı ve 1 yemek kaşığı Daiya koyun. Rulo yapın ve dikiş yeri aşağı gelecek şekilde fırın tepsisine yerleştirin. Kalan ekmeği ile tekrarlayın. Enchiladaları kalan ekşi krema sosuyla kaplayın, ardından Daiya serpin.

f) Enchiladas'ı 25 dakika veya köpürene ve hafifçe kızarana kadar pişirin. 10 dakika biraz soğutun. 1/2 su bardağı kıyılmış kişniş serpin ve servis yapın.

98. Vegan seitan rosto dolması

İçindekiler

Seytan için:
- 4 büyük diş sarımsak
- 350 ml soğuk sebze suyu
- 2 yemek kaşığı ayçiçek yağı
- İsteğe bağlı 1 çay kaşığı Marmite
- 280 gr vital buğday glüteni
- 3 yemek kaşığı besleyici maya gevreği
- 2 çay kaşığı tatlı kırmızı biber
- 2 çay kaşığı sebze bulyon tozu
- 1 çay kaşığı taze biberiye iğneleri
- ½ çay kaşığı karabiber

Artı:
- 500 gr Vegan Kırmızı Lahana ve Mantar Dolması
- 300 gr Baharatlı Kabak Püresi
- Metrik - ABD Geleneksel

Talimatlar
a) Fırınınızı 180°C'ye (350°F/gaz işareti 4) önceden ısıtın.
b) Büyük bir karıştırma kabında hayati önem taşıyan buğday glüteni, besleyici maya, bulyon tozu, kırmızı biber, biberiye ve karabiberi karıştırın.
c) Bir blender (tezgah üstü veya daldırma) kullanarak sarımsak, et suyu, yağ ve Marmite'ı birlikte havanda dövün ve ardından kuru malzemelere ekleyin.
d) Her şey eklenene kadar iyice karıştırın ve ardından beş dakika yoğurun. (not 1)
e) Büyük bir silikon parşömen parçası üzerinde seitanı yaklaşık 1,5 cm (½") kalınlığa gelene kadar belli belirsiz bir dikdörtgen şeklinde açın.
f) Kabak püresini bolca yayın ve ardından bir kat lahana ve mantar dolgusu ekleyin.

g) Pişirme kağıdını kullanarak ve kısa uçlarından birinden başlayarak seitanı dikkatlice bir kütük şekline getirin. Bunu yaparken seitanı esnetmemeye çalışın. Mühürlemek için seitanın uçlarını birbirine bastırın.

h) Kütüğü alüminyum folyoya sıkıca sarın. Folyonuz inceyse, iki veya üç kat kullanın.

i) (Benimkini dev bir şekerleme gibi sarıyorum - ve çözülmesini önlemek için folyonun uçlarını sıkıca büküyorum!)

j) Seitanı doğrudan fırının ortasındaki bir rafa yerleştirin ve eşit pişmesi ve kızarması için her 30 dakikada bir çevirerek iki saat pişirin.

k) Pişirildikten sonra, dilimlemeden önce doldurulmuş seitan rostoyu ambalajında 20 dakika dinlendirin.

l) Geleneksel rosto sebzeler, hazır mantar sosu ve sevdiğiniz diğer süslemelerle servis yapın.

100. Küba Seitan Sandviç

İçindekiler

- Mojo kavrulmuş seitan:
- 3/4 su bardağı taze portakal suyu
- 3 yemek kaşığı taze limon suyu
- 3 yemek kaşığı zeytinyağı
- 4 diş sarımsak, kıyılmış
- 1 çay kaşığı kurutulmuş kekik
- 1/2 çay kaşığı öğütülmüş kimyon
- 1/2 çay kaşığı tuz
- 1/4-inç kalınlığında dilimler halinde dilimlenmiş 1/2 pound seitan

Montaj için:

- 4 (6 ila 8 inç uzunluğunda) vegan denizaltı sandviç ruloları veya 1 yumuşak vegan İtalyan somunu, enine 4 parçaya dilimlenmiş
- Oda sıcaklığında vegan tereyağı veya zeytinyağı
- Sarı hardal
- 1 su bardağı ekmek ve tereyağlı turşu dilimleri 8 dilim marketten alınmış vegan jambon
- 8 dilim hafif lezzetli vegan peynir (Amerikan veya sarı peynir aroması tercih edilir)

Talimatlar

a) Seitanı hazırlayın: Fırını önceden 375°F'ye ısıtın. Seitan hariç tüm mojo malzemelerini seramik veya cam 7 x 11 inçlik bir fırın tepsisinde çırpın. Seitan şeritlerini ekleyin ve marine ile kaplayın. 10 dakika kızartın, ardından kenarlar hafifçe kızarana ve biraz sulu turşusu kalana kadar dilimleri bir kez çevirin (fazla pişirmeyin!). Ocaktan alıp soğuması için kenara alın.

b) Sandviçleri birleştirin: Her bir rulo veya ekmek parçasını yatay olarak ikiye bölün ve her iki yarısını da tereyağı veya fırçayla zeytinyağı ile cömertçe yayın. Her rulonun alt yarısına kalın bir tabaka hardal, birkaç dilim turşu, iki dilim jambon ve seitan dilimlerinin dörtte birini yayın ve üstüne iki dilim peynir koyun.

c) Kalan turşunun birazını rulonun diğer yarısının kesik tarafına sürün, ardından sandviçin alt yarısının üzerine yerleştirin. Sandviçin dış kısımlarını biraz daha zeytinyağı ile fırçalayın veya tereyağı ile yayın.

d) 10 ila 12 inçlik bir dökme demir tavayı orta ateşte önceden ısıtın. İki sandviçi yavaşça tavaya aktarın, ardından başka bir dökme demir tava veya birkaç kat ağır hizmet tipi alüminyum folyo ile kaplı bir tuğla gibi ağır ve ısıya dayanıklı bir şeyle doldurun. Ekmeğin yanmasını önlemek için dikkatlice izleyerek sandviçi 3 ila 4 dakika ızgara yapın; gerekirse, sandviç pişerken ısıyı biraz düşürün.

e) Ekmek kızarmış gibi göründüğünde, tavayı/tuğlayı çıkarın ve her bir sandviçi dikkatlice çevirmek için geniş bir spatula kullanın. Ağırlıkla tekrar bastırın ve peynir sıcak ve eriyene kadar 3 dakika kadar pişirin.

f) Ağırlığı kaldırın, her sandviçi bir kesme tahtasına aktarın ve tırtıklı bir bıçakla çapraz olarak dilimleyin. servis et ho

ÇÖZÜM

"Plant-Protein Damak: Tempeh ve Seitan Yemek Kitabı" yolculuğumuzu sonlandırırken, umarız tempeh ve seitanın mutfak harikalarını keşfetmekten keyif almışsınızdır. Bu bitki bazlı protein santralleri bize sağlıklı, besleyici yemekler yemenin lezzetten veya çeşitlilikten ödün vermek anlamına gelmediğini gösterdi.

Tempeh ve seitan, hayvan bazlı proteinlere harika bir alternatif sunar ve çok yönlülüğü, farklı mutfaklar, tatlar ve pişirme teknikleri denemenize olanak tanır. İster bitki bazlı bir meraklı olun, ister yemeklerinize daha sürdürülebilir malzemeler eklemeyi merak eden biri olun, bu yemek kitabı, tadını çıkarabileceğiniz ve sevdiklerinizle paylaşabileceğiniz çok çeşitli tarifler sunuyor.

Bitki bazlı yemek pişirme dünyasını keşfetmeye, tempeh ve seitanı en sevdiğiniz yemeklere dahil etmenin yeni yollarını keşfetmeye ve kendi mutfak başyapıtlarınızı yaratmaya devam etmenizi öneririz. Bitki bazlı yemek pişirmenin güzelliği, hem vücudunuzu hem de gezegeni besleme, onu sağlığınız ve çevre için bir kazan-kazan haline getirme yeteneğinde yatmaktadır.

Unutmayın, her öğün sağlığınız ve etrafınızdaki dünya

üzerinde olumlu bir etki yaratmak için bir fırsattır. Tempeh ve seitan gibi bitki bazlı seçenekleri seçerek lezzetli, sağlıklı kreasyonların tadını çıkarırken daha sürdürülebilir ve şefkatli bir gıda sistemine katkıda bulunursunuz.

O halde, tempeh ve seitan lezzetlerini kucaklamaya, yemeklerinizi bitki bazlı iyilikle yükseltmeye ve bilinçli yemek pişirmenin sevincini kutlamaya geldik. Mutfağınız, besleyici gıda sevgisinin ve gezegenin uyum içinde bir araya geldiği bir mutfak keşfi yeri olmaya devam etsin.

Afiyet olsun ve mutlu bitkisel protein pişirme!

www.ingramcontent.com/pod-product-compliance
Lightning Source LLC
LaVergne TN
LVHW021656060526
838200LV00050B/2375